大学体育与健康教程（上）

DAXUE TIYU YU JIANKANG JIAOCHENG

主　编　赵晓玲

副主编　程　瑾　蒋嘉陵

编　委　王付浩　马煜澄　梅森勇

　　　　袁贞琳　杨　康　杨含莹

重庆大学出版社

图书在版编目(CIP)数据

大学体育与健康教程.上/赵晓玲主编.--重庆：重庆大学出版社,2018.9(2022.7重印)

ISBN 978-7-5689-1355-3

Ⅰ.①大… Ⅱ.①赵… Ⅲ.①体育—高等学校—教材②健康教育—高等学校—教材 Ⅳ.①G807.4②G647.9

中国版本图书馆CIP数据核字(2018)第205018号

大学体育与健康教程(上)

主 编 赵晓玲

副主编 程 瑾 蒋嘉陵

策划编辑:贾 曼

责任编辑:李桂英 版式设计:贾 曼

责任校对:邹 忌 责任印制:张 策

*

重庆大学出版社出版发行

出版人:饶帮华

社址:重庆市沙坪坝区大学城西路21号

邮编:401331

电话:(023) 88617190 88617185(中小学)

传真:(023) 88617186 88617166

网址:http://www.cqup.com.cn

邮箱:fxk@cqup.com.cn(营销中心)

全国新华书店经销

重庆升光电力印务有限公司印刷

*

开本:787mm×1092mm 1/16 印张:12 字数:203千

2018年9月第1版 2022年7月第5次印刷

ISBN 978-7-5689-1355-3 定价:42.00元

本书如有印刷、装订等质量问题,本社负责调换

编写委员会

主　编　赵晓玲

副主编　程　瑾　蒋嘉陵

编　委　王付浩　马煜澄　梅森勇

袁贞琳　杨　康　杨含莹

前　言

为了提高广大学生的身体素质，全面促进大学生身心健康，贯彻“健康第一”的教育思想，落实教育部《全国普通高等学校体育课程教学指导纲要》文件精神，结合高校转型、深化高等学校公共体育课程教学改革，我们在总结近年的教学改革经验的基础上，精心编写了《大学体育与健康教程》（上、下册）。

上册为“体育与健康理论”部分，包括体育与健康概述、现代健康观、运动环境卫生与营养卫生、健康测量与评价、体育锻炼与发展体能的方法、运动性损伤、高等学校体育、终身体育；下册为“体育实践”部分，包括体育欣赏、田径、篮球、排球、足球、羽毛球、乒乓球、武术、游泳、健美操、体育舞蹈、定向越野、轮滑、攀岩。两册既相互独立，又是有机的整体。

近几年，互联网教学模式逐步进入高校课堂，我们也在这方面进行了一些尝试，希望以此提升老师的教学水平，提高学生的学习效率。因此，我们针对教学实践中的学习项目篮球、乒乓球的重点和难点，拍摄了示范短视频，用二维码的形式插入文中。读者可以随时随地通过扫描二维码来浏览视频以进行学习，其不仅通过更加生动、形象的形式来表现教学重难点，也真正做到了“学习不受空间和时间的限制”。

本书上、下册均由赵晓玲教授担任主编，程瑾、蒋嘉陵担任上册副主编，王付浩、马煜澄、袁贞琳、杨康、杨含莹担任上册编委；陈朝晖、黄寅担任下册副主编，张利利、魏勇、景俊、刘骁、张洪斌、司宏伟、雷斌斌、陈杨华夏担任下册编委；罗娜、李攀两位老师在资料收集、文字整理方面做了大量工作，在此对大家的辛勤付出表示感谢！

在本书的编写过程中，我们还借鉴和参考了大量国内外文献资料，并得到了四川传媒学院相关领导的大力支持和重庆大学出版社相关编辑的鼎力协助，在此也一并表示感谢！

由于编者水平所限，不足之处在所难免，殷切希望广大专家、教师、学员们能一如既往地给我们提出宝贵意见。

编者

2018 年 4 月

目 录

第一章　体育与健康概述

一、体育的产生与概念

人类的走、跑、跳、投掷、攀登、游泳以及其他技能等身体的活动，是原始人类的生产生活技能与现代人类的体育活动，其区别在于前者主要用于谋生，后者主要用于锻炼身体。体育作为一个专门的学科领域，是在人类社会长期的实践中，随着社会生活和生产的不断发展而逐步建立和发展起来的，它受一定的社会政治、经济的影响与制约，也为社会政治、经济服务。

体育虽然有悠久的历史，但是体育一词却出现得较晚。在体育一词出现前，世界各国对体育这一活动过程的称谓各不相同。体育一词，其英文本是 physical education，指的是以身体活动为手段的教育，直译为身体的教育，简称为体育。在古希腊，游戏、角力、体操等曾被列为教育内容。17—18 世纪，在西方的教育中也加进了打猎、游泳、爬山、赛跑、跳跃等活动，只是尚无统一的名称。18 世纪末，德国的 J.C.F.古茨穆茨曾把这些活动分类、综合，统称为体操。进入 19 世纪，一方面是德国形成了新的体操体系，并广泛传播于欧美各国；另一方面是相继出现了多种新的运动项目。学校也逐渐开展了超出原来体操范围的更多的运动项目，建立起“体育是以身体活动为手段的教育”这一新概念。于是，在相当长的一段时间里，体操和体育两个词并存，相互混用，直到 20 世纪初才逐渐在世界范围内统一称为体育。

1762 年，卢梭出版了《爱弥尔》一书。他使用体育一词来描述对爱弥尔进行身体的养护、培养和训练等身体教育过程。这本书激烈地批判了当时的教会教育，引起很大反响，体育一词同时也在世界各国流传开来。从这里我们可以清楚地看到，体育一词的最初产生是起自教育一词，最早的含义是指教育体系中的一个专门领域。到 19 世纪，世界上教育发达国家都普遍使用了体育一词。我国由于闭关自守，直到 19 世纪中叶，德国和瑞典的体操才传入我国，随后清政府在兴办的“洋学堂”中设置了“体操球”。1902 年左右，一些在日本留学的学生从日本带回了体育这一术语。随着西方文化不断涌入我国，学校体育的内容也从单一的体操向多元化发展，课堂上出现了篮球、田径、足球等。许多有识之士提出不能把学校体育课称体操课了，必须厘清概念层次。1923 年，在《中小学课程纲要草案》中，正式把“体操科”改为“体育课”。从此，体育一词成了学校中身体教育的专门术语。体育一词在含义上也有一个演化过程。它刚传入我国时，指身体的教育，是作为教育的一部分出现的，是一种与维持和发展身体的各种活动有关联的一种教育过程，与国际上理解的体育是一致的。随着社会的进步和体育事业的不断发展，其目的和内容都大大超出了原来体育的范畴。体育的概念也出现了广义与狭义的解释。用于广义时，一般是指体育运动，其中包括体育教育、竞技运动和身体锻炼三个方面；用于狭义时，一般是指体育教育。近年来，不少学者对体育的概念提出了一些解释，但比较趋于一致的解释为：“体育是以身体活动为媒介，以谋求个体身心健康、全面发展为直接目的，并以培养完善的社会公民为终极目标的一种社会文化现象或教育过程。”体育的这一定义既说明了它的本质属性，又指出了它的归属范畴，同时也从与其邻近或相似的社会现象中区别出来。但是，体育的概念并非是一成不变的，随着社会的发展和进步，其概念也在发展和进步。

体育是人类针对自身，以其身体运动为基本手段，以获得并保持终身健、美、乐为目标的一种社会文化现象。由此揭示体育是属于人类社会中每一个人的，且以教育的形式出现，理当作用于人的一生。而在人的一生中，与其生理、心理和社会的需要最贴近的体育追求（即目标）是健、美、乐。这个目标的实现，除自身努力外，还要借助于父母、保幼员、体育教师和社区体育指导员的帮助。这也显示了体育的阶段性、教育性、终身性较为突出，因此，对于体育的划分，既可依据年龄划分为胎婴儿体育、少儿体育、青年体育、中老年体育；又可按人一生中主要活动场所（范围）划分为家庭体育、学校体育和社会体育。无论哪种体育，都是以人自身的身体运动为基本手段，都是为了健、美、乐。这才抓住了体育的本质，真实地反映了体育在人类生活中的作用和地位。

二、体育的分类与功能

体育是一个开放的、复杂的系统，具有清晰的结构特征，这种特征是体育作为系统出现、存在的前提。体育的功能是指体育以其自身特点作用于人和社会所能产生的良好影响和效益。体育如果不具备自身固有的特点，就不可能产生任何功能。但是，如果体育功能不为人们和社会所接受、所利用，则它的功能也不可能得到发挥并产生效益。千百年来，体育所以能得到不断发展，而且越来越受到世界各国和人们的重视，正是人们对体育功能的认识和利用的结果。随着社会发展和人们对体育功能认识的进一步深入和提高，体育的功能将会越来越多地被发现和发挥，并更好地为人类的物质文明和精神文明建设服务。

体育的功能分为本质功能和非本质功能。体育的本质功能有健身娱乐功能和教育功能。体育的非本质功能有政治功能、经济功能、交往功能等。例如，在我国，武术已经成为中华民族气节和道德规范的标志。

（一）健身娱乐功能

体育的健身娱乐功能已为大家所公认，人们通过体育锻炼来增强体质、促进健康、防病治病、调节生活，以享受自然界的乐趣。现代社会，人们的工作和生活节奏加快，对人体的健康就有了更高的要求，不能认为没有疾病就是健康，事实上在健康与疾病之间存在着一大批不健康的人，他们需要通过体育锻炼来改变自己、增进健康。

体育的重要目标是要教会人们去合理有效地利用、保护和促进身体发展，它是一种利用身体锻炼去完善自身的活动过程。人体的发展遵循着"用进废退"的生物学规律。合理而科学的身体锻炼，是保障人体发挥其极限效能的有效途径。身体锻炼引起神经肌肉的活动，而神经肌肉的有效活动，既可保证人体的运动器官和其他有关器官的良好功能，又会引起多重反应。健康快乐的一生，除了求助于身体锻炼以外，还需有热心于身体娱乐活动的兴趣和情绪。现代文明社会在时间、财力和营养方面，为人类的身体娱乐活动提供越来越优越的条件。体育的健身娱乐功能在未来社会将越来越受到重视。

（二）教育功能

体育的教育功能，是其最本质的功能。从原始社会出现体育的萌芽起，体育就一直作为教育的手段之一流传下来，现代竞技体育中的跑、跳、投等项目仍留下了原始社会教育的痕迹。现代体育教育已不仅仅是促进人体生长发育、增强学生体质、掌握运动技能，而且还需要培养人们终身体育的兴趣和习惯，改善生活方式，提高生活质量,以适应现代社会的需要。体育所具有的教育功能,有两个方面的含义,一种是具有典型意义的学校基本教育;另一种是具有泛指意义的社会教育。在竞技体育中,运动员在更高、更快、更强的奥林匹克口号下所表现出来的无私奉献、顽强拼搏的精神,深深地打动着观众的心,这也是一种教育。在群众锻炼中,体育在完善身体机能、改善身心健康、促进人际交往、培养顽强精神等方面都含有教育的作用。如果把上述功能置于人的社会化培养体系之中,体育的实质就是个体为求社会生存的教育,是为谋取社会生计的教育,是为适应现代社会生活的教育,是为创造未来生命的教育。基于这一普遍意义的客观存在,学校体育教育必须以终身教育作为其主要的奋斗方向。具体地说,即在体育的施教过程中,通过身体锻炼及适应能力的培养,培养运动兴趣,养成运动习惯,以便为青少年的就业谋生及适应现代生活节奏作好准备。只有这样,人类才能保存自己,创造文化,延续文明及继续生命。在竞技体育和群众体育中,也显示出体育的教育功能。

(三)政治功能

(1)为国增光,提高民族、国家的威望和地位。随着竞技体育的发展,竞技场被称为没有炮火的金牌争夺之战场。当今,金牌在某种意义上是国家的力量、地位、政治、经济、精神状态的标志。例如,中国在第十一届柏林奥运会上被赠予“大鸭蛋”,在历史上曾被侮辱为“东亚病夫”,国家的威望由此大受贬损。中华人民共和国成立后,中国在亚运会上连续多届金牌第一,成为亚洲第一体育强国;在2008年北京奥林匹克运动会上,中国金牌总数名列第一名,跃身跨入世界体育强国之列。这大大激励了民族意识,振奋了民族精神,提高了中国的国际威望和国际地位。

(2)加强爱国主义教育,增强民族凝聚力。在当代,一次国际体育大赛,会像巨石击水,在国民心中产生巨大的冲击波,使千百万人甚至整个民族、国家沸腾起来,使民族精神得到升华,爱国激情得到激发,万众一心,为国家的腾飞、民族的昌盛提供难以比拟的精神力量。例如,在1984年洛杉矶奥运会上,中国人突破奖牌零的纪录;我国女排获得“五连冠”。他们在国内引起的轰动都是空前的。

(3)改善和促进国家间的关系,增进友谊。体育可以促进各国人民相互了解,尤其是现代体育运动的国际化,使体育成为国家间重要的交往手段。通过比赛,互相学习和交流,加强国家间的相互理解和联系,缓和协调国际关系与冲突,对维护世界和平起着十分重要的作用。运动员被称为“穿着运动衣的外交家”“和平的使者”和“外交先行官”。例如,第三十一届世界乒乓球赛中,我国运动员用“乒乓外交”与美国建立了友好关系,从而进行了互访,为中美建交创造了条件,被人们称为“用小球转动了地球”。

(4)巩固国防,保证国家安全。古代的战争是面对面的战争,为了在战争中获胜,人类就利用体育的手段来训练武士。而当今时代,由于尖端武器的发展,更需要人们在短期内掌握复杂的军事技能,这就要求最大限度地动员人的精神和身体能力。为此,要对士兵进行全面而严格的体力训练,提高其自身身体素质和作战能力。这就体现了体育巩固国防和保证国家安全的军事作用。

(四)经济功能

经济学界认为,劳动生产力的提高是社会经济发展的重要标志。特别在对生产力进行价值评估时,人的素质又成为最主要的衡量标准。一般来说,人的素质包括身体素质、文化素质、道德素质三个方面。从某种意义上来讲,身体素质作为诸素质的物质基础,对生产力的提高起着至关重要的作用。

由此可见,体育发展社会经济的功能是由体育的健身作用决定的。因为它在提高身体素质、健康水平方面取得了明显效果,保持和增强了劳动者的劳动能力。因此,在体力投资方面所作的贡献,有力地促进了社会经济的发展。

在商品经济的社会里,体育作为第三产业,以劳动的形式向社会提供服务消费品。当前一些经济发达国家,非常重视发挥体育的经济功能,采取多种途径追求体育经济效益。对于体育界来说,首先要改变体育仅是福利事业的思想,要树立体育也是产业的观念。长期以来,我国体育事业基本是靠国家拨款,缺乏自我造血功能。例如,群众体育和竞技体育的发展,一个关系着群众的健康,一个关系着国家民族的荣辱,都重要,本应都发展,但因资金不足,很难真正达到协调发展。若是将体育事业纳入产业运作,则二者的发展就有了广泛前途。作为产业,它可以为社会提供健身、观赏、娱乐等综合性特殊消费品。例如,在大型比赛中出售比赛的电视转播权、发行纪念币、发行体育彩票、收取门票收入和广告费、印刷宣传品等。又如,在日常体育活动中提高体育场馆设施利用率,举办热门项目的比赛和娱乐体育、发展体育旅游、举办各种类型的体育训练班、开设体育咨询站等,从中都可以获得相当可观的经济效益。

体育与市场正不断地接轨，近几年出现了过渡的形式，如“体育搭台，经济唱戏”——企业赞助、公司集团办运动队等。在过渡中已出现了劳务市场、体育健康娱乐市场、体育培训咨询市场等。这表明体育转入市场不仅是必要的，而且是可能的。例如，中国足球协会超级联赛，篮球、排球的全国联赛，在挖掘体育经济功能的潜力方面积累了一定的成功经验，为中国体育走向国际市场开辟了道路。

（五）交往功能

依据社会学观点，由于传统的教育、宣传舆论及民族习惯等，人们的社会心理总要和他们生活的环节取得一致与平衡，但某些特殊原因也会导致心理失调现象的发生。从体育独具的活动性与竞争性特点来分析，由可变因素而产生的感性刺激，既可使人失却心理平衡，又能积极调节各种不同的心理状态。一场激烈的体育比赛可以牵动亿万人的心，观众出于民族、国家、地区的尊严与自信，往往把胜负看得至关重要。在瞬息万变的竞赛过程中，人们的感情变化为其他任何社会活动所不及。例如，中国女排参加世界大赛在连续取得五连冠的几年中，全国人民无不为她们的胜利而欢呼。又如，1999 年中国女子足球队在参加第三届世界杯比赛时，以顽强拼搏的精神和精湛的球艺赢得了中美两国人民的高度赞扬。在接见载誉归来的中国女足时，江泽民说：“你们在赛场上的表现，反映了中华儿女的自信心，奋发图强的民族志气和同心同德、团结拼搏的集体主义精神。这种志气和精神是宝贵的财富，全国各行各业都要发扬光大。”由此可见，优秀运动员为祖国荣誉而拼搏的感人精神，已成为一个民族的精神财富。当然，体育运动也会破坏人的心理平衡，而引起逆向的感情冲动。因此，为了避免社会感情负作用的发生，体育运动竞赛过程中的组织管理和宣传教育是十分重要的。

体育本身具有的动态特点，决定人们需要冲破相对封闭的生活方式。在体育活动中，只有通过体育交往才能达到人与人、群体与群体、物质的、精神的、能量的互相影响，达到人际关系中的认识、信任、支持等。实践证明，个体置身社会群体之中时，共同产生的运动欲望就会成为改善人们相互关系的纽带。国内群众性体育活动（尤其是全国性体育盛会），更能促进运动员和各民族之间的联系，加强友谊和团结，激发各族人民对祖国炽热的爱。体育具有超越世界上语言和社会的障碍的特点，可以把不同文化、不同人种、不同民族的人们聚集在一起，通过运动竞赛和体育交往发展国际友好关系，发挥其独特的政治功能。在某些时候，体育已经成为外交活动的先行手段，在促进国际交往方面正发挥着重要作用。

三、健康与体育

健康是人类生存发展的要素。以往，人们普遍认为“健康就是没有病，有病就是不健康”。随着科学的发展和时代的变迁，现代健康观告诉我们，健康已不再仅仅是指四肢健全，无病或虚弱，除身体健康外，还需要精神上有一个良好的状态。人的精神、心理状态和行为对自己、对他人和社会都有影响，更深层次的健康观还应包括人的心理、行为的正常和社会道德规范，以及环境因素的完美。现代健康的含义是多元的，相当广泛。健康是人类永恒的主题。

（一）健康观下的体育概念

从体育人文角度来看，人们应该更多地在社会体系中看待健康，对象既可以是个体，又可以是群体乃至社会。其主要含义包括健康的权利、健康的责任和义务、健康与社会发展的协调。健康是所有人的健康，不分性别、种族、阶层，每一个人都有平等的健康权利，各种合理的促进健康的方法和手段不能脱离人性特质。科学价值与人文价值结合才能真正实现人人健康、和谐健康的目标。

人具有双重属性，即生物属性和社会属性。自然科学的体育观主要从人的生物属性出发，而人文社会科学的体育观从人的社会属性出发。所谓体育的人文观就是要主动表现体育对人类生存意义及价值的终极关怀，回到以人为本的真实体育世界；体育的社会观就是关于体育的基本社会观念，包括对体育与社会的关系、体育内部制度、体育的社会功能等问题的阐述。

体育是一种复杂的社会文化现象，它以身体与智力活动为基本手段，根据人体生长发育、技能形成和功能提升的规律，达到促进全面发育、提高身体素质与教育水平、增强体质与运动能力、改善生活方式与提高生活质量的目的。它是一种有意识、有目的、有组织的社会活动。从这个概念中，可以看出体育与人的发展、体育与健康的密切关系。

（二）体育与健康的关系

当前，运动解剖学、运动生理学、运动生物学等基础学科长足发展，学者们证实了体育对人体健康的双向调节作用，即运动既可以提升也可以损害人体功能。比如运动可促进机体生长发育、增强体质、治疗疾病等，但运动也会导致运动性猝死、运动性损伤、运动性疾病等。因此，体育运动必须加以科学化、合理化的引导。人们通过大量实验和运动体验发现，运动量、运动强度、运动时间是运动影响健康的关键因素。适量运动增进机体健康，过量运动和缺乏运动会损害健康或引发一系列健康问题。

（三）体育对健康的积极作用

1.体育锻炼可使身体健康发展

适量运动是指根据运动者的个人身体状况、场地、器材和气候条件，选择适合的运动项目，使运动负荷不超过人体的承受能力。运动过程中的运动强度、运动量和运动频率应适宜，使运动时的心率控制在一定范围内，机体无不良反应；运动有一定疲劳感，但能较快消除，情绪和食欲良好，睡眠质量高，精力充沛。骨骼的生长发育需要不断地吸收营养物质，适量运动能促进血液循环和增加对骨骼的血液供应，同时，体育锻炼中的各种动作也具有促进骨骼生长的良好刺激作用。科学的体育锻炼会使肌肉体积增大、脂肪减少、毛细血管增多等，使身体显得丰满而结实。体育锻炼可使人体功能得到充分发展，对维持和增强人体活动具有重要意义。

2.体育锻炼可促使人的心理健康发展

（1）培养良好的意志品质。体育锻炼，无论是有组织地进行还是个人单独进行，都对培养和锻炼良好的意志品质有着积极的作用。坚持锻炼，需要自觉性和自制力。没有克服困难的毅力和持之以恒的精神，是不可能长久坚持的。在体育锻炼中，需要完成一定的身体练习，承受一定的运动负荷，如果没有自觉性、坚持性及果断性，是不可能做到的。经常参加体育锻炼者有较强的抗干扰、抗刺激的能力。

（2）调节人的情绪，振奋人的精神。良好的情绪主要是指个体心理状态的稳定和平衡，这种状态有利于保持和促进整个机体的稳定。从事体育锻炼可以调节情绪，并在中枢神经系统支配下，对机体内部各个方面的关系进行相应的调和、平衡，有利于形成开朗的性格、坚强的意志和充分的自信心。

3.体育锻炼可提高人适应社会的能力

(1)提高机体适应环境的能力。有体育锻炼基础的人适应外界环境的能力较强。其基本原因有两点:一是长期进行体育锻炼增进了健康,强壮了体格,身体的各个组织系统在中枢神经支配下,承受外界压力和协调各组织系统的能力得到增强;二是体育锻炼往往是在各种外界环境和条件下进行的,因而使机体得到锻炼,适应能力不断提高。

(2)促进社会交往和增进友谊。体育锻炼是一种社会活动,人们在体育运动过程中不仅能够锻炼身体,而且可以促进社会交往和增进友谊。高等院校在体育教学中应贯彻"健康第一"的指导思想,培养学生终身锻炼的意识,以达到培养大学生"德、智、体"全面发展的目的。

(四)体育对健康的消极作用

1.过度运动

过度运动包含两方面的内容:一是运动负荷超过人体的承受能力,机体在精神、能量等方面过度消耗,无法在正常时间内恢复;二是指当身体的某些功能发生改变时,恢复手段无效、营养不良、情绪变化、思想波动等,使常量负荷变成超量负荷,从而使主动运动变成被动运动。过度运动往往表现为运动能力减退,出现某些不正常的生理状态以及心理症状等。过度运动不仅影响运动能力,而且严重损害人体免疫系统。

2.缺乏运动

缺乏必要的体育运动将带来不利于健康的危险因素。它表现为习惯久坐,机体缺乏运动应激刺激,不运动或很少运动。有学者研究认为:如果每周运动不足3次,每次运动时间不足10分钟,运动强度偏低,运动时心率低于130次/分钟,则属于运动缺乏。美国学者经过大量的研究证实,体力活动缺乏与许多慢性疾病的发生及由此而引起的死亡密切相关,缺乏体力活动会引起各种非健康状态或疾病,包括心肌梗死、心律失常、心力衰竭、糖尿病、关节疼痛、乳腺癌、结肠癌、抑郁症、胆结石、高血压、高血脂、停经综合征、过度肥胖、前列腺炎等。如果长期缺乏运动,人的新陈代谢会降低,容易引起各种运动系统疾病,如肩周炎、骨质疏松症等,同时也会导致心肺功能下降。久坐不动还可能引发痔疮、坐骨神经、盆腔瘀血等病症。运动缺乏或久坐不动可使人体免疫力下降，易患疾病。运动缺乏可加速衰老，增加老年人的死亡率，且心肌损伤、脑卒中、糖尿病、心绞痛的发病率明显上升。

此外，缺乏运动会使体内储存过多的脂肪，导致肥胖和亚健康，出现记忆力减退、注意力不集中、多梦、疲劳、情绪不定、困倦、烦躁、健忘、虚弱、易怒、失眠、易感冒、嗜睡、四肢乏力、不愉快感、头晕、头痛、腰酸痛、脱发等症状。

第二章　现代健康观

第一节　正确的健康观

一、关于健康

健康对国家、民族及个人都有着非常重要的意义。一个民族、一个国家的兴衰与国民的体质息息相关,只有健康的体魄才能实现民族的振兴和国家的富强。无论是人类的自身发展、自我价值的实现,还是社会发展成果的享有,都必须以自身健康为前提,没有健康的身心,一切都无从谈起。在充满竞争和挑战的21世纪,拥有高素质国民和专门人才,是一个国家可持续发展和在激烈的国际竞争中取得优势的先决条件。

《阿拉木图宣言》指出:健康不仅仅是没有疾病或不虚弱,而且是良好的身体、精神状况和社会适应能力的总称。健康是基本人权,达到尽可能高的健康水平,是世界范围的一项最主要的社会性目标。

1989年世界卫生组织又进一步深化了健康的概念,提出健康应该包括身体健康、心理健康、社会适应良好和道德健康。即从现代健康观来看,一个完全健康的人,应包含身体健康、心理健康、社会适应良好以及道德健康四个方面。

(一)身体健康

身体健康一般指人体生理健康,是指身体的形态、结构和功能正常,具有生活自理能力。

（二）心理健康

心理健康是指能正确认识自己及周围的环境和事物，表现为人格完整、自我感觉良好、情绪稳定、积极向上、有较好的自控能力、保持心理上的平衡。

（三）社会适应良好

社会适应良好是指一个人的心理活动和行为，能适应复杂的环境变化，并为他人理解和接受。

（四）道德健康

道德健康是指能明辨是非，能按照社会规范的准则约束自己的言行，能为大众的幸福作出贡献。

健康强调了环境要素，认为健康是生理、心理、社会、环境四者的和谐统一。健康是由许多互相交叉、渗透、影响、制约的因素互相作用的结果。健康的构成条件一般归结为四点：环境（包括自然环境和社会环境）、生物学基础（包括机体的生物学和心理的生物学）、生活方式和保健设施。

著名教育学家陶行知先生说："我们深信健康是生活的出发点，也是教育的出发点。"世界卫生组织总干事马勒博士指出："健康并不代表一切，但失去了健康，便丧失了一切。"其阐明了健康在人体中的重要地位以及健康与生活、事业的辩证关系。曾经健康很容易做到，但整个人生中都拥有健康者微乎其微。健康是人生最宝贵的财富。无论是人自身的发展、自我价值的实现，还是社会发展的参与和社会发展成果的享有，都以身体健康为前提。倘若没有健康的身心，一切都无从谈起，更无法实现。

早在我国古代，就有许多思想家、医学家孜孜不倦地探讨生命的本质，创立了形形色色的传统医疗观、养生观，并以此作为早期人类向自然、向疾病抗争的武器。遗憾的是，随着人类社会的不断进步与发展，发达的科技在给人们带来优越生活条件的同时，也带来了人体功能的退化和健康水平的下降，因此保持健康显得尤为重要。人们为了获得健康所要付出的不应是金钱，而应是参与运动的热情。积极参加体育活动，不仅可以愉悦身心，更是一种科学的生活方式。

保持健康的重要性还在于它是人力资源开发的一种重要投资形式。随着科学技术的发展与运用，西方发达国家的投资重点已经由物质转向人力，人力资源的投资包括教育、技术培训、保健和体育等。美国著名经济学家舒尔茨在论证人力资源的投资时，把“延长公民的寿命和增强他们的体质”的保健措施列为人力资源的首位。

现代科学的高速度发展，在给人们生活带来数不尽的好处的同时，也使人类付出了沉重的代价。例如，大面积环境污染，使城市居民生存条件恶化；各种营养素的不合理摄入，使人体内新陈代谢紊乱，有害物质沉积；先进工具的不断问世，使人们运动不足，“肌肉饥饿”；机械化、电气化、信息化文明，使人类生物结构和功能退化；节奏快、生活压力大，导致了千奇百怪的心理障碍与疾患；不同年龄段人群的健康问题层出不穷等。现代生活给人类带来了“灰色”健康、营养过剩、运动不足、功能退化、高度紧张，这五大“杀手”正使某些“文明”疾病广泛蔓延，威胁着人们的健康生活。

1.“灰色”健康

现代生活造就了一个“灰色”健康群体，或称亚健康群体。其症状为：食欲不振、疲乏无力、失眠多梦、烦躁、易发怒、健忘、胸闷、头疼、感觉迟钝、注意力不集中、记忆力下降、消极悲观、情绪低沉、犹豫不决、偏执等。现代生活综合征、双休日综合征、空调综合征等与现代生活方式有关的病症都属于此列。这个亚健康的人群在现代化的城市中有逐年增加的趋势，因此在总人口中的比例也日趋升高。

2.营养过剩

随着生活水平的提高，人们对肉、蛋、奶类的消费量大幅度增加，引起高脂肪、高能量食品的摄取过度，造成营养过剩。

3.运动不足

在社会发展过程中，人类经历了手工工具、复合工具、动力机械、自动控制系统等阶段，劳动方式也就经过了体力型、半体力型与智力型的过程。这自然导致了人的运动不足。

4.功能退化

现代生活的另一大“杀手”是人类的功能退化。随着信息化时代的到来，长时间伏案工作已经成为部分社会成员的基本活动方式。坐姿所造成的“运动不足”“肌肉饥饿”影响人体健康，已经成为普遍的社会问题。

5.高度紧张

比功能退化更可怕的健康生活“杀手”就是高度紧张。日益紧张的生活环境，激烈的市场竞争，迫使人们付出很大的健康代价以适应生存的需要。

在解决由现代社会生活给人们带来的各种身心问题的办法中，最好的途径就是动员人们积极参加体育运动。体育运动作为恢复人的体质与体现人的价值的生活活动，意味着一种人性的解放。通过愉快、自由地享受体育生活，可以发展人类的智力和认识能力，可以轻松愉快地与人、社会和大自然产生沟通和交流，使人们拥有健全的体魄和人格，体验人生的幸福完美。因此，体育运动已经成为当今人类获得健康的保障。

二、健康的标准

现代意义上的健康，不仅是身体的健康，而且还要求心理健康。既有身体健康，又有心理健康，才是一个健康的人。另外，健康的人，还必须具备能遵守社会秩序、努力工作的安定状态。

（一）世界卫生组织提出的健康标准

（1）精力充沛，能从容不迫地应付日常生活和工作。

（2）处世乐观，态度积极，乐于承担任务，不挑剔。

（3）善于休息，睡眠良好。

（4）应变能力强，能适应各种环境的各种变化。

（5）对一般感冒和传染病有一定抵抗力。

（6）体重适当，体形匀称，头、臂、臀比例协调。

（7）眼睛明亮，反应敏锐，眼睑不发炎。

（8）牙齿清洁，无缺损，无病痛，齿龈颜色正常，无出血。

（9）头发光泽，无头屑。

（10）肌肉、皮肤富有弹性，走路轻松。

（二）世界卫生组织提出的身心健康新标准

1.“五快”（生理的健康标准）

（1）快食：是指胃口好，不挑食，吃得迅速，说明人体内脏功能正常。

(2)快便:是指大小便通畅,便时无痛苦,便后感到舒服,说明人的肠胃功能良好。

(3)快眠:是指入睡快,睡眠质量高,睡醒后精神状况好,说明人体中枢神经系统的兴奋、抑制功能协调,内脏无病理信息干扰。

(4)快语:是指说话流利,语言表达准确,这表示头脑敏捷,心肺功能正常。

(5)快走:是指行动自如,步伐轻捷,这说明精力充沛,身体状况良好。

2."三良好"(心理的健康标准)

(1)良好的个性:是指心地善良,处世乐观,为人谦和,正直无私,情绪稳定。

(2)良好的处世能力:是指沉浮自如,客观观察问题,有良好的自控能力,能较好适应复杂的环境变化。

(3)良好的人际关系:是指待人接物宽和,不过分计较小事,能助人为乐,与人为善。

(三)医学专家提出的健康状况综合自测标准

(1)1个月内体重增减在3千克之内。

(2)每天的体温波动保持在1℃以内。

(3)脉搏72次/分钟左右。

(4)每一天的进餐量稳定在1~1.5千克,超过平常量的3倍或少于1/3为不正常。

(5)大便定时,每天1~2次。一天以上不大便或一天大便4次以上为不正常。

(6)一昼夜尿量1500毫升左右,多于2500毫升或少于500毫升为不正常。

(7)每晚睡眠6~8小时,不足4小时或嗜睡则为不正常。

以上7项标准中,若有一项不正常者,应向医生咨询;若有两项不正常者,提示可能患有某种疾病;一旦有3项或3项以上不正常者则肯定患有某种疾病。

据有关研究,按上述的健康标准进行评价,只有15%的人达到健康的要求,而15%的人有病,大部分人是介于健康与疾病之间的一种亚健康状态。

三、健康的价值

在世界卫生组织的推动下,健康的新概念在全球得到了传播,并日益为人们所接受。与此同时，世界还公认健康是社会进步的一个重要标志和潜在动力。促进健康不仅是卫生部门的责任，也是教育部门的责任，并且还是全社会的责任。个体不但要对自己的健康负责，要向社会求得医疗服务，而且还要在促进他人和全社会的健康方面承担义务。这就要求人们应重视健康的价值，具有增进健康的强烈意识，树立“人人为健康，健康为人人”的正确观念。

（一）健康既是学校教育的前提，又是学校教育的首要目标

马克思曾把健康作为人的第一权利，作为人类生存的第一个前提，也就是作为一切历史的第一前提。可以想象，经常因病缺课、因情绪障碍而滋生事端，或因营养不良而长期精神倦怠的学生，即使采用最好的教学方法，他们也无法高效率地学习。只有健康的学生才能在学校获得理想的学习效果。而学校教育在人生教育中起主导作用，学校可以有计划有目的地安排好各项教育活动。我国的教育方针是使受教育者在德育、智育、体育三方面得到全面的发展。三者各有特定的含义和任务，是互相联系、相辅相成的统一体。其中体育就包含着促进学生健康的教育作用。

（二）健康是人们奉献社会和享有生活的基础和前提条件

生命的意义在于奉献。拥有健康，才能优化自己在社会生活中的地位和作用，才能使自我价值最大限度地体现出来，从而奉献社会。一个身体健康、精神饱满、具有良好社会适应能力的人，必定享有高质量的生活。反之，如果没有健康的身体和健康的心理，就无法享有生活，享有幸福。

（三）健康是社会发展的基本标志和潜在动力

健康不仅仅是个人的事，它受多种社会因素的制约，如社会制度、经济状况、文化教育等。在一个社会安定团结、人民安居乐业、经济快速发展，以及文化教育先进的社会环境中，人民的健康水平无疑会得到极大的提高。健康是社会发展的基本标志。在充满竞争与挑战的现代社会中，拥有大批的高素质人才是一个国家可持续发展的优势。所谓高素质的人才，就是德、智、体全面发展的合格人才。健康的体质是思想道德素质和科学文化素质的物质基础，是高素质人才成长的物质基础。拥有健康的高素质的国民和专门人才是社会发展的潜在动力。

（四）人民健康是社会发展目标中的基本目标

《阿拉木图宣言》中指出：健康是基本人权，达到尽可能的健康是世界范围内的一项重要的社会目标。1988年，世界卫生组织总干事马勒博士一针见血地指出："必须让人们认识到，健康并不代表一切，但失去健康，便丧失了一切。"我们要求树立正确的健康观念，就是要把健康看成是人类的一项基本需求和权利，看成全社会、全民族的事业。从这一角度来讲，人民健康就成为社会发展目标中的基本目标。

四、影响健康的因素

判断一个人是否健康是一个非常复杂的问题，也是一个十分重要的问题。影响健康的因素是多方面的。归纳起来主要有四个方面的因素，即环境因素、生物学因素、行为和生活方式因素，以及卫生保健服务因素。

（一）环境因素

1.自然环境

自然环境是人类赖以生存的物质基础。人类的生活活动和生产活动使自然环境的构成或状态发生变化，扰乱和破坏了生态平衡，对人的健康产生直接、间接或潜在危害，称之为环境污染，环境污染对健康的危害具有机制复杂、效应慢、周期长、范围大、后果重的特点。当前属于全球性环境问题的有：二氧化碳过量排放造成的温室效应；镉、汞、硫、氮氧化物过量排放造成的酸雨；氟里昂造成的臭氧层空洞和放射性污染问题等。这些污染物严重地破坏地球的生态系统，直接威胁着人类的生存和发展。例如，酸雨使全世界森林面积每年以2000公顷的速度递减，加速了土地沙化，每年沙化土地面积达40多万公顷。噪声、大气、水源、土壤污染无时无刻不在困扰着人们的日常生活。噪声对健康的危害主要是听力损伤及其连锁反应。噪声使成年人精神紧张，工作能力降低，出现神经衰弱、植物神经功能紊乱、内分泌失调，甚至导致精神疾患。大气污染的慢性中毒常引发呼吸道炎症、哮喘和肿瘤。水源污染可造成流域人群集体中毒。环境污染治理与环境保护是全人类面临的重大问题。我国政府把保护环境定为基本国策，厉行可持续发展政策。环境教育是学校健康教育的重要内容。

2.社会环境

社会环境包括政治、经济、文化、教育等多方面。不良社会环境直接或间接地危害着人们的健康。政治制度对健康至关重要。中华人民共和国成立后，人民是国家的主人，国家卫生事业为人民健康服务，使我国人民健康水平有了很大的提高。

经济是社会进步和社会生活的基础。人们的劳动方式、生活方式、营养状况和人口状态无不受经济的制约。因此，经济是影响人类健康的重要因素。大量调查证明，社会经济状况与人民健康水平成正比。就发达国家与发展中国家而言，人民健康水平存在明显差距。每年全球低体重出生儿2200万，其中95%是在发展中国家。就国家内部的不同阶层而言，其健康水平也是差距明显。随着我国经济的发展，人民营养状况明显改善。抽样调查居民人均每日从食物中摄取的热量，1952年为2270千卡，1990年增长到2630千卡，已接近世界平均水平。

文化是社会的上层建筑，享有文化和接受教育的权利是人全面发展的重要前提，也是享有健康的前提。人群的文化水平与人群的健康水平之间存在着正相关关系。受教育程度和文化素养决定着人的健康观和健康价值观，决定着人是否能作出有益于健康的决策。不良的行为和生活方式常与较低的教育程度相联系。

（二）生物学因素

引起传染性疾病、感染性疾病的病原微生物和导致遗传疾病及伤残与障碍等遗传和非遗传的内在缺陷，归类为生物学致病因子。目前，虽然人类疾病谱和死因顺位的变化，把关注健康问题的目光引向了“生活方式病”和“行为致病因子”，但生物因子对健康的危害依然存在，而且不断出现新问题。

世界卫生组织曾发表报告警告说：“艾滋病、结核病、淋巴腺鼠疫和黄热病等新出现的或卷土重来的传染病对人类健康的威胁正在上升。而且病原微生物的抗药性已成全球性问题，一些简单的感染有时都很难找到有效的治愈方法。”一些新的病原微生物被确认，如引起出血性结肠炎的O157H7大肠杆菌、与溃疡病有肯定关系的螺旋杆菌、导致淋巴腺癌的非洲淋巴细胞瘤病毒等。今天，我们对病原微生物的危害仍不可忽视。

由生殖细胞或遗传物质突变所引起的疾病称遗传病。由非遗传的出生时伴有缺陷的疾病称先天性疾病，如母亲感染风疹病毒造成的胎儿患先天性心脏病。目前已知遗传性、先天性疾病有4000种以上。我国新生儿出生缺陷率为1.307%，即每年约有26万缺陷疾病患儿出生，其中70%~80%由遗传因素所致。遗传因素在影响人类健康时，常与环境因素、行为因素共同作用、相互制约。如精神分裂症的发病，遗传因素占2/3，环境因素占1/3。许多遗传病并未表现出临床症状便成为异常基因库，对人类健康产生更大影响。

（三）行为和生活方式因素

生活方式是指人的生活样式，是生活活动的总和，包括生活态度、生活水平和生活惯常行为。作为一种致病因素的不良行为和生活方式，是指人们自身的不良行为和生活习惯给个人、群体和社会的健康带来直接或间接的危害，这种危害具有潜伏性、积累性和广泛影响性的特点。有报告称美国死亡率在前十位的病症中，行为和生活方式在致病因素中占70%。美国通过30年的努力，使冠心病的死亡率下降40%，脑血管疾病的死亡率下降50%，其中2/3是通过改善行为和生活方式而取得的。现在人们通常把行为和生活方式致病因子所致的疾病如心脏病、中风、癌症等慢性病称为“生活方式病”。作为青年大学生，要重视培养良好的行为和生活方式，避免不良生活方式的危害，其中最重要的危害因素就是吸烟、酗酒、膳食结构不合理、缺少运动和不洁性生活，其次是滥用药物、安全事故和暴力等。不健康的行为和生活方式已成为影响各国经济和人民健康的重要因素。

（四）卫生保健服务因素

卫生保健服务指卫生机构和卫生专业人员针对个人、群体和社会的健康需要，所提供的必要的、可能的服务。良好的卫生服务对健康起促进作用，反之，则危害健康。良好的卫生服务包括健全的医疗卫生机构、完善的服务网络、充足的卫生资源及其合理配置与平等分配。但是，卫生服务的投入与效益并非成正比，个人对卫生服务的利用能力是影响卫生投入效益的重要因素。因此，对卫生服务的利用是健康教育的重要内容之一。

五、维护健康的策略

大学阶段是人生走向成熟的阶段。在这个阶段，每一位大学生的世界观都基本趋于形成和稳定。因此,大学的教育问题和大学生自身的受教育问题就成为一个十分重要的问题。因为,它不仅关系到每一位大学生的成长,还关系到国家的未来和社会的发展。

从世界卫生组织提出的健康概念以及前面对健康和健康价值的阐释,我们可以感受到健康对一个人的重要性。因此,维护健康就成为摆在我们面前的重要课题。

那么,如何维护健康呢？从学校教育的角度看,主要是通过健康教育（健康教育是指通过信息传播和行为干预,帮助个人和群体掌握卫生保健知识,树立健康概念,自愿采纳有利于健康行为和生活方式的教育活动与过程）和健康促进（健康促进是指个人与家庭、社区和国家一起采取措施,鼓励健康行为,增强人们改进和处理自身健康问题的能力）的方式。第一,使每一位大学生掌握正确的健康和卫生知识;第二,使每一位大学生养成良好的健康习惯和生活方式;第三,培养每一位大学生正确的健康态度,树立现代健康意识,增强预防疾病和维护健康的责任感。

对大学生来说,维护健康主要是要求他们从自身做起,具体包括以下五个方面:

(1)努力提高自身的健康知识水平。许多事实表明,大学生中某些不良的生活方式和卫生习惯,往往是缺乏必要的健康知识所致。例如,不注意用眼卫生,导致近视眼发病率居高不下;不懂科学减肥的方法而盲目减肥,致使体重下降的同时身体也随之垮掉。相反,如果掌握了相关的健康知识,这类现象就不可能出现。

(2)努力改善对待个人和公共卫生的态度。一个人对待个人和公共卫生的态度,是促使其将健康知识转化为行为和习惯的动力。这种态度的形成一方面来自学校健康教育的作用,另一方面也受到个人学习动机和所处环境的影响。

(3)努力增强自我保健能力和对社会健康的责任感。大学生应当充分利用健康教育和健康促进的理论和知识,经常对自己的健康状态进行评价,在发现身体有问题的时候要积极寻求指导或治疗。同时,还应当认识到,注意个人健康,不仅仅是个人问题,也是对社会的负责。因为,社会就是由我们每一个个体构成的有机整体,并且,相互关联、相互促进、相互影响。

(4)努力形成有益于个人、集体和社会的健康行为和生活习惯。例如,远离毒品,不看黄色录像,不沉溺于网吧和不参与赌博等。同时,应当认识到偏离行为和不良习惯对个人和社会的危害性,要自觉加以克服。

（5）讲究心理卫生，促进心理健康。随着社会发展和人才需求的改变，当代大学生在面临挑战和机遇的同时，也承受着前所未有的心理压力。因此，当自己的理想和需要不能满足时，会产生焦虑和紧张情绪，严重时会产生心理卫生问题或心理障碍。此时，我们应当学会正确的排解方法，或及时到心理咨询部门请求帮助。

六、促进健康的行为

促进健康的行为指个体和群体（不论健康状况如何）表现出的客观上有利于自身和他人健康的相对明显、确实的一组行为群，由此可知，促进健康的行为包含三层意思：首先，是这组行为必须与个人和社会的健康期望相一致，即该行为在客观上对健康（包括身体、心理、社会和道德）有利。个人或群体为增进健康而采取的行为，要以不损害他人的健康为前提。其次，作为促进健康的行为，要表现得相对明显，即要有一定的强度。最后，促进健康的行为一般要求表现较稳定，即有一定的持续时间，短暂性的有益健康的行为表现不算作促进健康的行为，如偶尔进行一两次体育锻炼是不能够被视作促进健康的行为的。促进健康的行为有五个主要特征：

（1）行为表现有益于自身、他人乃至整个社会的健康，如不吸烟。

（2）行为表现有一定的重复性和稳定性，如饮食的定时、定量和起居有常。

（3）行为和动机与能力的协调一致，以及行为与所处环境的和谐，如根据自己的实际情况选择运动项目。

（4）行为的强度在常态水平及有利于健康的方向上，如运动量的大小要适中。

（5）个体的行为既要符合自己的个性，又要在个人与他人或社会发生冲突时，能够随自身和外界的变化来调整自己的行为，如个人的锻炼习惯也可以因地制宜。

具体地讲，促进健康的行为主要有以下几种：

（1）日常健康促进行为，如平衡膳食和适量锻炼等。

（2）保健行为，如定期体检和按时预防接种等。

（3）避免有害环境行为，如对污染环境的避让和防护、对焦虑心理的调适等。

（4）戒除不良嗜好行为，如戒烟、不酗酒和不滥用药物等。

（5）预警行为，如乘车系安全带、事故中的自救等。

（6）求医行为，即在意识到自身患病时，主动就医，提供真实病史和症状的行为。

(7)遵医行为,确诊疾病后,积极配合治疗护理的行为。

(8)病人角色行为,即解除原有社会角色的权利和义务、接受治疗和社会服务,以及积极康复行为等。

前面五类行为又可合称为预防保护性行为,后面三类则可以称为积极治疗性行为。

(一)有规律的生活作息制度

人的生活要有规律,否则神经系统就不可能形成“动力定型”,从而使人的一切生理活动变得杂乱无章,生物节奏被打乱,使人体各种器官总处于疲于应付的紧张状态。久而久之,身体健康状况就会受到损害,各种疾病也会发生。大学生可以灵活支配的时间较多,每天从起床开始,晨练、吃饭、学习、休息、文化活动、自习和睡眠都有很大的余地和自主权,完全可以有规律、有节奏地安排好自己的作息时间。要学会自我控制,提高对遵守生活作息制度,讲究个人生活卫生意识的认识水平。否则,不仅容易养成生活懒散与不拘小节等不良习性,也不利于增进健康和提高学习效率。

(二)积极的休息与睡眠

积极的休息是指通过变换工作和活动的方式,以协调机体各个部位的活动和大脑皮层的兴奋与抑制的转换过程,从而使机体保持动态平衡,让大脑得到休息。与之相反,消极的休息则是以静态为主,或坐或卧,睡眠被视为最彻底的休息。研究表明,充分的睡眠能恢复机体的疲劳,增加机体对各种紧张刺激的耐受程度,增进食欲,加速排泄,提高抵御疾病的能力,从而使机体能有充分的精力去迎接挑战。

休息的方式因人因时因地而异,不可强拘一格。例如,从事体力劳动之后,休息方式最好采用文娱活动的形式,如听音乐、看电影;而在脑力劳动之后,休息时可参加一些体育活动,如打篮球、游泳等。

(三)合理营养和平衡膳食

营养与人类健康有着密切的关系。合理营养是维护健康的物质条件和前提。相反,营养失调会引起多种疾病。如由于各种原因使机体长期缺乏某种营养素,造成代谢紊乱而引起的营养缺乏症,或者摄入的某种营养素超过机体的需要,过多的营养素贮存在体内，也会造成代谢紊乱而形成营养过剩症。心血管疾病、癌症与不合理膳食有密切关系。

合理营养的关键是平衡膳食。主要指膳食中所含营养素（糖、脂肪、蛋白质、维生素、矿物质和水）的数量充足、种类齐全、比例适当，并且与机体的需要保持平衡。

人的食物是多种多样的，各种食物所含的营养成分是不完全相同的。我们每天的食物应包括谷类和薯类（米、面、杂粮、马铃薯、干薯等）、动物性食物（肉、禽、鱼、奶、蛋）、豆类及其制品、蔬菜及水果和纯热能食物（动植物油、食用糖、酒类）。

中国营养学会常务理事会于 1997 年通过了《中国居民膳食指南》，对平衡膳食提出了八点建议。它们是：

（1）食物多样，谷类为主。

（2）多吃蔬菜、水果和薯类。

（3）每天吃奶类、豆类及其制品。

（4）经常吃适量的鱼、禽、蛋、瘦肉，少吃肥肉和荤油。

（5）膳食要适量，并与体力活动平衡，保持适宜体重。

（6）膳食要清淡少盐。

（7）饮酒应限量。

（8）吃清洁卫生不变质的食物。

（四）科学锻炼身体

科学的体育锻炼可以达到促进生长发育、提高适应能力、增强体质、防治疾病、延缓衰老、延长寿命的目的，还可以丰富生活、增添乐趣、调节心理情绪。但是，我们也应当知道体育锻炼是把“双刃剑”，如果不遵守人体运动的基本规律，不遵守科学体育锻炼的原则，体育锻炼不仅不会增进健康，反而会破坏健康。科学的体育锻炼的基本原则包括以下几种：

1.从实际出发的原则

从实际出发的原则是指锻炼身体应从个人实际情况和外界环境条件的实际出发，确定锻炼目的，选择适宜的运动项目，合理地安排运动时间和运动负荷。例如，由于性别、年龄、体质和健康状况的差异，体育锻炼就要从自己的实际出发，有目的地选择和确定运动项目、练习方法，合理地安排锻炼时间和运动负荷。在每次锻炼前，都要评估自己当时的健康状况，使运动项目的难度和强度不要超过自身的承受能力。

2.循序渐进的原则

循序渐进的原则是指在安排锻炼内容、难度、时间及负荷等方面要根据人体发展规律，有计划、有步骤地逐步提高要求，使人体在不断适应的同时，体质得到增强。例如，进行体育锻炼时，当机体对一定运动负荷产生适应之后，这种负荷对机体的刺激会减弱，此时，可适当增加练习时间和次数，然后让机体产生新的适应。运动负荷要由小到大，逐步提高。

3.持之以恒的原则

持之以恒的原则是指锻炼身体要有连续性和系统性，只有安排适合自己兴趣、爱好的运动项目，科学地制订健身计划，经常参加体育锻炼，才能持续有效地增强体质。例如，中断体育锻炼后，随着时间推移，体质和运动能力较前明显下降。

4.全面锻炼的原则

全面锻炼的原则是指以一个主要运动项目为主，然后辅之以多个锻炼内容的锻炼方法，可以使身体形态、身体机能、身体素质和心理品质都得到全面和谐的发展。例如，方法上的多样性可以弥补单一方法的局限性，而运动项目上的“一主多辅”，可使身体得到全面发展。

（五）避免吸烟和被动吸烟

吸烟是目前危害人类健康最严重的不良行为之一。每年全世界死于吸烟相关疾病的人数达 300 万人。我国是世界烟草消费大国，现在的吸烟人数超过 3 亿，为全世界吸烟者的 1/4。有专家预测：如果中国人吸烟习惯不改，40 年后因吸烟造成的死亡人数每年由目前的 10 万人增加到 200 万人。另有预测，到 2050 年，我国将有 500 万人死于吸烟的相关疾病，其中低龄和女性的比例将增加。吸烟对健康的主要危害有以下五个方面。

（1）吸烟是多种疾病的独立致病因素。吸烟者会患肺、唇、舌、口腔、喉、食道和膀胱等多种癌症，慢性阻塞性肺病，冠心病，溃疡病等一系列吸烟相关性疾病。

（2）吸烟者污染环境，使不吸烟者被动吸烟。遭受被动吸烟的危害并不亚于主动吸烟。孕妇吸烟殃及胎儿，造成围产期死亡、自发性流产、早产、低体重新生儿；父母吸烟殃及儿童，造成儿童患气管炎、肺炎、哮喘；丈夫吸烟殃及妻子，造成妻子患上多种与吸烟相关的疾病。

(3)吸烟者造成环境污染。从烟草中分离出的有害物质达 1200 种,它们对人体可造成多方面的危害。如血氧含量降低、血压升高、免疫机能下降、性功能障碍。同时香烟烟雾作为载体,与大气中其他有害污染物产生协同催化作用。

(4)增加意外恶性事故的发生。

(5)吸烟会造成医疗负担,以及缺勤误工带来巨大经济损失。

目前,人们越来越认识到吸烟的危害和健康的重要性,不吸烟、拒绝吸“二手烟”必然会成为社会主流趋势。大学生首先应当从自身做起,不吸烟,并且还要积极劝导他人不吸烟。吸烟的人则要尽快戒掉这个不良习惯。

(六)避免酗酒和药物滥用

在日常生活中,饮酒是一种十分常见的饮食行为或某些人群的生活习惯。一般,少量饮用含低度酒精的饮料是不会造成对身体健康状况的破坏的。但无节制地过度饮酒,或经常饮酒,则会给身体健康带来极大的危害。换句话讲,就是酗酒会对我们的身体健康造成破坏而影响学习、生活和前程。

除了酗酒,药物滥用也是危害身体健康的不良行为。据世界卫生组织和国际刑警组织估计,全世界各种形式的药物滥用者逾 2 亿,每年死于毒品成瘾和相关疾病的人数超过百万,药物滥用在许多国家已成为仅次于心血管疾病和恶性肿瘤的第三位致死病因。

药物滥用中所说的药物并非平时所指的“用于预防、治疗、诊断疾病,有目的地调节人的生理机能,并具有一定适应症、用法和用量的化学物质”,而是指能够影响人的心境、情绪、行为,改变意识状态,并导致依赖作用的一类化学物质,人们使用这些物质的目的不是治疗疾病,而是为了取得或保持某些特殊的心理和生理状态。滥用则是指一种适应不良方式,由于反复使用药物导致了明显的不良后果,如不能完成重要工作、学业而损害身体健康,导致了法律上的问题等。滥用强调的是不良后果,如因吸毒而犯罪等。大学生正处于人生的成熟阶段,应该自觉抵制各种诱惑,提高自身的控制能力和对事物的辨别能力。这些正是预防药物滥用的基本保障,即要提高认识,防患于未然。

(七)避免不洁性行为

性传播疾病是指由性行为接触作为主要传播方式所引起的一类疾病的总称,

如不洁性行为可以引发性病。

从世界范围来看，性传染疾病的流行情况是病原体与性病种类明显增多，感染率和发病率逐年上升，流行范围不断扩大，危害程度日益严重。淋病、梅毒等经典性病仍未得到有效控制，以病毒（艾滋病等）为主的现代性病流行日益明显。在一些西方国家的疾病构成中，性疾病占有重要位置，尤其是淋病，在传染性疾病报告中常居首位。因此，我们一方面要认识到性传播疾病对个人、家庭和社会的危害；另一方面要认识到性传播疾病是可以预防的。大学生要加强自身修养，洁身自好，信守一夫一妻制，注意性生活卫生，使用避孕套等保护措施，并且学习性生理和性卫生知识，培养健康的性心理。

（八）及时调控情绪问题

从生物—心理—社会医学模式的角度看，不良心理因素正从多方面、多渠道对人类健康产生各种各样的危害。情绪因素是心理源性疾病（即以人的心理为源地，以外界不良因素为条件，借助人在生理方面存有的差异及缺陷，主动或被动、注意或不注意地使人产生的疾病）发生的基础或条件。无论是自然还是社会的身外刺激作用于人体时，都会引起中枢神经系统本身和由该中枢支配的身体各系统、各器官广泛的生理反应，以及相应的神经递质和内分泌等生物化学反应。当到达大脑皮层的一部分神经冲动被人这个主体意识到后，引起复杂的生理反应，表现为喜悦、悲伤、愤怒或恐惧等，这就是情绪。人的情绪带来的后果势必引起人体本身一些生理生化类反应，如支气管收缩时出现哮喘、心率加快时出现心悸等，但人体又具有较强的适应性和耐受性，故一般的情绪因素不至于促发心理源性疾病。只有当外界刺激达到一定强度，超越了人体的适应性和耐受性时，才会引发异常情绪反应，如果持续过久，就容易促发心理源性疾病。

因此，平时就要从心理上建立并强化防病意识，掌握防病的主动权，驾驭正确的心理思维、言语行为。例如，在心理思维上，要树立正确的人生观，从而把握心理平衡，维系良性心理及生理功能，避免或消除一些来自心理方面的疾患。而在言语行为上，则注意对人格、形象、健康、他人的利益等方面的作用及影响，这就要求每个人自尊、自爱和自重。只有这样，才能做一个心理健康的人，真正把握和行使好防病的主动权。此外，还要加强自身修养，努力做情绪活动的主人。

在日常生活中，当我们感受到诸如焦虑、困惑、迷惘等情绪袭上心头时，应及时利用不同的方法和手段去调节或舒缓这些不良情绪。

（九）学会幽默与解嘲

幽默与解嘲能使紧张的精神放松，释放被压抑的情绪，避免刺激和干扰，摆脱窘困场面，消除身心的某些痛苦，有助于加速血液循环，消除大脑疲劳，通过对下丘脑系统的良性刺激达到延缓衰老的目的。因此，培养幽默与解嘲的能力，学习用幽默与解嘲的方式对待烦恼，化大事为小事，可保持和增进健康。

（十）及时寻求心理咨询

心理咨询是由心理学家或有资格的咨询人员对来咨询者进行各种心理方面的帮助，对他们在学习、生活或社会交往过程中所遇到的心理卫生问题给予解释、劝告，并提出解决的办法和建议，传授心理学的基本知识等。心理咨询不同于一般的安慰，它不仅使人开心，更使人成长。这里的成长就是通过咨询的过程，使来咨询者提高心理素质，自己想通了，认清了问题的本质，知道了该怎么做，达到了人们常说的心理平衡。可以看出，心理咨询力图使个人将不愉快的经历转化为自我成长的良机。它竭力使人们积极地看待个人所受的挫折和磨难，从危机中看到生机，从困难中看到希望。从这层意义上讲，心理咨询也帮助人们学会辩证地看待生活中的忧愁和烦恼。但这一切不是靠指教和劝导得来的，而是靠启发和领悟获得的。用美国著名心理学家马斯洛的话来讲，心理咨询就是要使人获得“顶峰的体验”。因此，以往那种旧的观念，认为心理卫生问题不是疾病，或者认为是病，但又羞于启齿，怕别人笑话而不愿或不敢去进行心理咨询是非常错误的。每个人可能都会在某个时期产生心理卫生问题，一定要及时寻求心理咨询。

第二节　健康的四大基石

随着社会经济、科技的进步，当前人类的健康模式和疾病谱发生了重要改变：过去主要危害国人健康的传染病不少已被消灭或控制，而一些慢性非传染性疾病，如心脑血管病（高血压、冠心病等）、恶性肿瘤、糖尿病等，以及精神疾患、意外伤害已成为威胁人们生命与健康的常见病、多发病。这些疾病的发生与个人不健康的生活方式和行为习惯有密切关系，因此又称为“生活方式病”。预防这些疾病的根本办法是提倡自我保健，改变不良行为习惯，建立科学、文明、健康的生活方式。

世界卫生组织针对严重影响人们健康的不良行为与生活方式，提出了健康四大基石的概念：合理膳食、适量运动、戒烟限酒、心理平衡。做到这四点，便可解决70%的健康行为问题，使平均寿命延长10年以上。

一、合理膳食

（一）合理膳食与营养平衡

人类依靠地球上各种生物资源，因地、因时制宜地发展富有独特风格的民族膳食，并能够以多种不同的方式和各种不同的食品构成人体所需的营养，都是为了获得同一个结果，即通过膳食得到人们所需要的营养，而且既要有足够的数量，又要有适当的比例。概括起来，人体对营养的最基本要求是：

（1）供给热量和能量，使其能维持体温，满足生理活动和从事劳动的需要。

（2）构成身体组织，供给生长、发育及组织自我更新所需要的材料。

（3）保护器官机能，调节代谢反应，使身体各部分工作能正常进行。

食物的营养功用是通过它所含有的有效成分来实现的，这些有效成分就叫营养素，包括蛋白质、脂肪、碳水化合物（又叫糖类）、维生素、矿物质（微量元素）以及水和膳食纤维。

已知人体必需的物质有50种左右，而现实中没有一种食品能按照人体所需的数量和所希望的适宜配比提供营养素。因此，为了满足营养的需要，必须摄取多种多样的食品，找出最有益并且可口的食品配比。经验表明，健康人按照科学建议数量摄入营养素，未见营养缺乏症。

膳食所提供的营养（营养素）和人体所需的营养恰好一致，即人体消耗的营养与从食物获得的营养达成平衡，这称为营养平衡。

我们的祖先很早就注意到饮食与医疗、健康之间有着非常密切的关系。如《黄帝内经·素问》中即将食物分为四大类，并以“养”“助”“益”“充”来代表每一类食物的营养价值和在膳食中的合理比例，还提出了“饮食有节”“饮食以时”“饥饱适中”等知识。在历史发展的长河中，也出现过各种偏见。有些人一谈起营养，就强调多吃鱼、肉、蛋、奶等动物性食品，认为这类食品吃得越多营养就越好，这是不符合平衡膳食的观点的。人体对营养素的需要是多方面的，而且有一定量的要求，经常食用过多的动物性食品，对人体健康尤为不利，往往会成为某种肿瘤和心血管疾病的诱因。还有人认为，食物越贵，营养就越好，这也是对营养知识的理解不够全面。因为，从营养角度来看，食物的营养价值与价格不总是一致的，相反，有的价钱便宜的食物，其营养价值反而较高，如胡萝卜与冬笋等。

那么，怎样才算营养合理呢？从营养学观点来看，就是一日三餐所提供的各种营养素能够满足人体的生长、发育和各种生理、体力活动的需要，也就是膳食调配合理，达到膳食平衡的目的。主食有粗有细，副食有荤有素，既要有动物性食品和豆制品，也要有较多的蔬菜，还要经常吃些水果。这样，才能构成合理营养。

（二）膳食平衡

要有健康体魄，必须在人体的生理需要和膳食营养供给之间建立平衡的关系，也就是平衡膳食。

平衡膳食需要同时在几个方面建立起膳食营养供给与机体生理需要之间的平衡：热量营养素构成平衡，氨基酸平衡，各种营养素间的摄入量平衡，酸碱平衡，动物性食物和植物性食物平衡。否则，就会影响身体健康，甚而导致某些疾病发生。

1.热量营养素构成平衡

碳水化合物、脂肪、蛋白质均能为机体提供热量，称为热量营养素。当热量营养素提供的总热量与机体消耗的能量平衡时；当三种热量营养素摄入量的比例为6∶1∶0.6，分别给机体提供的热量为：碳水化合物占60%~70%、脂肪占20%~25%、蛋白质占10%~15%时，各自的特殊作用发挥并互相起到促进和保护作用，这种总热量平衡，热量比例（或热量营养素摄入量的比例）也平衡的情况被称为热量营养素构成平衡。热量营养素供给过多，将引起肥胖、高血脂和心脏病；过少，造成营养不良，同样可诱发多种疾病，如贫血、结核、癌症等。

三种热量营养素是相互影响的，总热量平衡时，比例不平衡，也会影响健康。碳水化合物摄入量过多时，会增加消化系统和肾脏负担，减少摄入其他营养素的机会。蛋白质热量提供过多时，则影响蛋白质正常功能发挥，造成蛋白质消耗，影响体内氨平衡。当碳水化合物和脂肪热量供给不足时，就会削弱其对蛋白质的保护作用。

要时时达到生活工作的热量需求，通常，一日三餐热量分配应为：早餐占30%，午餐占 40%，晚餐占 30%，以保证一天的热平衡。

2.氨基酸平衡

食物中蛋白质的营养价值基本上取决于食物中所含有的九种必需的氨基酸的数量和比例。只有食物中所提供的九种氨基酸的比例与人体所需要的比例接近时，才能有效地合成人体的组织蛋白。比例越接近，生理价值越高，生理价值接近 100 时，即 100%被吸收，称为氨基酸平衡食品。除人奶和鸡蛋之外，多数食品都是氨基酸不平衡食品。所以，要提倡食物的合理搭配，纠正氨基酸构成比例的不平衡，提高蛋白质的利用率和营养价值。

3.各种营养素间的摄入量平衡

不同的生理需要、活动，营养素的需要量不同，加之各种营养素之间存在着错综复杂的关系，造成各种营养素摄入量间的平衡难以把握。中国营养学会制订了各种营养素的每日供给量。只要各种营养素在一定的周期内，保持在标准供给量，且误差不超过 10%，营养素摄入量间的平衡就算达到了。

4.酸碱平衡

在正常情况下，人的血液偏碱性，pH 值保持在 7.3～7.4。人应当食用适量的酸性食品和碱性食品，以维持体液的酸碱平衡。当食品搭配不当时，会引起生理上的酸碱失调。

酸性食品摄入过多，血液偏酸、颜色加深、黏度增加，严重时会引起酸中毒，同时增加体内钙、镁、钾等离子的消耗，而引起缺钙。这种酸性体质，将影响身体健康。

酸性食品：蛋黄、大米、鸡肉、鳗鱼、面粉、鲤鱼、猪肉、牛肉、干鱿鱼、啤酒、花生等。

碱性食品：海带、蔬菜、西瓜、萝卜、茶叶、香蕉、草莓、南瓜、四季豆、黄瓜、藕等。

5.动物性食物和植物性食物平衡（荤素平衡）

素食，含纤维素多，抑制锌、铁、铜等重要微量元素的吸收，含脂肪过少。常吃素，危害儿童发育（特别是脑发育），导致少女月经初潮延迟或闭经，也会祸及老人，引起胆固醇水平过低而遭受感染与癌症的侵袭。

荤食也不可过量，高脂肪与心脏病、乳腺癌、中风等的因果关系早有定论。荤素平衡，以脂肪在每日三餐热量中占 25%～30%为宜。

6.平衡膳食七个基本指标

平衡膳食设计,要同时达到七个方面的指标:摄入量充足、品种多样,热量食物来源构成合理,热量营养素摄入量比值合理,热能营养素提供热量结构合理,蛋白质食物来源组成合理,脂肪食物来源组成合理以及各种营养素摄入量均达到供给量标准。

(1)膳食摄入量充足、品种多样。一般轻体力劳动者,每日约摄入 20 种食物 1500克,才能基本保证平衡膳食的要求。

(2)热量食物来源构成合理。膳食中的热量主要来自四类食物,它们的组成结构建议:粮谷类食物提供热量的 60%~70%,薯类食物提供热量的 5%~10%,豆类食物提供热量的 5%,动物性食物提供热量的 20%~25%,其中豆类及动物性食物所提供的热量要保证在 30%左右。

(3)热量营养素摄入量比值合理。碳水化合物、脂肪、蛋白质三种营养素称为热量营养素。要组成合理的热量分配,碳水化合物、蛋白质、脂肪三者摄入量的比值建议为 6∶1∶0.6。

(4)热量结构合理。三种产热营养素所提供的热量比例建议为:碳水化合物提供热量的 60%~70%,脂肪提供热量的 20%~25%,蛋白质提供热量的10%~15%。

(5)蛋白质食物来源组成合理。植物性蛋白质约占 70%,动物性蛋白质约占 25%,豆类蛋白质约占 5%,其中动物性及豆类为优质蛋白质,二者之和应在 30%以上。

(6)脂肪食物来源组成合理。植物性脂肪约占 60%,动物性脂肪约占 40%,其中饱和脂肪酸(存在于动物脂肪中)所产的热量,应占总热量的 10%以下。

(7)各种营养素的摄入量均达到供给量标准。进食者的年龄、性别、处于什么生理状态、从事工种的劳动强度不同,各种营养素的供给量标准不同,每日各种营养素的摄入量,在一个周期内(5~7 天)能平均达到标准供给量上下误差不超过 10%即可。

(三)各个年龄阶段的合理膳食建议

1.少年儿童的合理膳食

每天吃早饭,早饭最好有 4~5 种食品,如粮食 1 种、牛奶 1 种、蛋 1 种、菜 1 种、水果1种。每人一日三餐应包括：一个蛋，50克豆及豆制品，50克肉，300～500克蔬菜和水果等。多吃菌菇类食品，少吃过甜食品。一般学生每人每天3汤匙植物油，肥胖学生2汤匙。三口之家食盐总量控制在每月300～500克为宜。

2.青少年的合理膳食

青少年是指10～17岁的中、小学生，他们从事紧张的学习，活动量大，尤其处于生长高峰期，每日营养素和能量消耗比开始发育前要增加两倍多，故对营养的需求也增多。

（1）饮食多样化：合理营养对青少年健康成长及学习有着很重要的意义。按营养学要求，青少年一日的膳食应该有主食、副食，有荤、有素，尽量做到多样化。合理的主食，是除米饭之外，还应吃面粉制品，如面条、馒头、包子、饺子、馄饨等。营养学家建议，在主食中可掺食玉米、小米、荞麦、高粱米、甘薯等杂粮。早餐除吃面粉类点心外，还要坚持饮牛奶或豆浆。

（2）青少年每天必需的各类食物：粮食300～500克（男高中生要绝对保证每天有500克主食），肉、禽类100～200克，豆制品50～100克，蛋50～100克，蔬菜350～500克。还应多吃水果和坚果类食品及海带、紫菜等海产品，而香菇、木耳等菌藻类食物，每周也应选择食用。青少年需要钙较多，应多吃些虾皮、糖醋排骨、油煎小鱼（鱼骨可食）、骨头汤等，通过饮食来补充青少年"日长夜大"的骨骼所需要的钙。

（3）安排好一日三餐：合理营养应该符合生理功能和实际需要，如早餐要选择热能高的食物，以足够的热能保证上午的活动。有些发达国家很注重早餐，不仅有牛奶、橘汁，还有煎蛋、果酱、面包和肉类食品。午餐既要补充上午的能量消耗，又要为下午消耗储备能量，因此午餐食品要有丰富的蛋白质和脂肪。至于晚餐，则不宜食过多的蛋白质和脂肪，以免引起消化不良影响睡眠。晚餐以吃五谷类的食品和清淡的蔬菜较适宜。

（4）荤素搭配：合理的粮菜混食、荤素搭配，不仅可使人体所需要的营养成分齐全，相互得到补充（即营养的互补作用），而且食物的多样化可促进食欲，增进机体对营养素的吸收和利用。

3.中老年人的合理膳食

洪昭光教授曾给广大中老年人推荐合理的膳食，归纳起来大致有以下几条：

（1）每日1袋牛奶，内含250毫克钙。

(2)每餐摄入主食2两(100克),每日6~8两(300~400克)。

(3)每日进食高蛋白食物3份,每份可以是瘦肉1两(50克),或大鸡蛋1个,或豆腐(或鸡鸭,或鱼虾)2两(100克)。

(4)每日饮食应有粗有细(粗细粮搭配),不甜不咸(食盐每日6~7克),三四五顿(总量控制,多次进餐),七八分饱。

(5)每日500克蔬菜及水果,再加上适量烹调油及调味品。

二、适量运动

运动也是健康非常重要的要素。医学之父希波克拉底说:“阳光、空气、水和运动,是生命和健康的源泉。”要想得到生命和健康,离不开阳光、空气、水、运动,说明运动和阳光一样重要。在古希腊山上的岩石上刻了这样的文字:“你想变得健康吗?你就跑步吧!你想变得聪明吗?你就跑步吧!你想变得美丽吗?你就跑步吧!”这就是说,跑步能使人健康、聪明、形体好。

“生命在于运动”,它能塑造我们强健的身体,增强我们抵抗疾病的能力。然而,对人体而言,运动也是有极限的,一旦超过了限度,对人可能非但无益,反而会有害了。美国神经科学家贾斯廷·罗德就在研究中发现,那些运动成瘾的老鼠的大脑反应比运动量正常的老鼠迟钝。由此,罗德指出:“运动虽然对大脑有益,但也应该适可而止。”

1.适量运动使人更聪明

在人的大脑侧面,有一个像海马一样凸起的部分被称作海马体,它是大脑中主管学习和记忆的组织。美国加利福尼亚州拉霍亚“索尔生物研究中心”的研究人员通过动物实验发现,喜欢在滚轮上走动的老鼠,其大脑内的海马体上会长出新的细胞,而被关闭在普通笼子里的老鼠,则没有长出新的细胞。由此,研究人员认为,人如果能经常进行有规律的、适量的运动,也能让大脑中的海马体长出更多的细胞,让人的思维、感觉和反应都能更灵敏,从而让人变得更聪明。

2.运动过度使人脑子变笨

大强度运动可通过多种途径对大脑机能造成损害。运动时能源物质ATP的耗竭,可能是中枢神经功能下降的主要原因,运动过程中机体血液的重新分配、自由基的大量堆积及血流加速造成血管内皮损伤使脑的血液和氧供应减少,局部酸性产物的堆积等不仅影响脑的能量供应，而且直接遏制神经的活动，使脑机能下降。有研究显示：短期的大强度运动使大脑皮层活动减少，长时间大强度运动则使广泛的脑组织兴奋性降低。

人们常常觉得剧烈运动后不仅身体的反应迟钝了，而且脑子也有短暂的“跟不上”现象。这不仅与上述因素有关，而且是机体本身的“保护性抑制”机制作用的结果。

过量运动时，由于人体消耗了大量的能量，为防止能量进一步消耗而出现机能抑制，这时人们会感觉极度疲劳，浑身无力，大脑反应减慢。如果长期过量运动，机体的“保护性抑制”机能敏感性下降，使大脑机能受损，其表现的症状主要有注意力不集中、失眠、健忘等，长此以往将会对人体的健康造成极大的伤害。

3.把握科学的运动量

运动是否适量，标准主要看心率，应该是最大心率的60%~85%。值得注意的是，由于每一个人的实际情况千差万别，与安静心率相比，应相差15%~30%，甚至更多，所以选择最佳运动量应根据自己的年龄、性别、职业特点、体力状况、健康水平、体育基础、生活环境、目的任务等不同情况来决定。

一般可用比较简单的心率计算法来计算、衡量运动量是否适宜：在运动结束后立即数脉搏，可以数15秒，然后乘以4便得出每分钟心率。运动中的心率保持在最大心率的60%~85%，即可认为是运动量比较合适。

检验运动量是否合适还可以看运动后人体的相对反应。比如可以参照运动状态下人的汗流量和轻松度。还可以留意自己的食欲、睡眠以及次日是否还有参加运动的欲望。

相对而言，老年人在有氧运动的前提下可多进行手部的单项锻炼，增强人体的协调能力。小孩则要多做一些机械运动，如摆放积木等，这些运动看似简单，其实能大大促进孩子的大脑发育及手眼协调能力。

运动是否科学，关键要把握好运动强度，除了心率保持在适当范围，还要有时间概念。一般而言，有氧状态下每次的运动时间以30~60分钟为宜，一旦过量，不仅无益，反倒可能损害身体机能。

三、戒烟限酒

（一）戒烟

1.烟的成分及危害

烟草燃烧时释放的烟雾中含有多种已知的化学物质，绝大部分对人体有害。这些有害化学物质的生物学作用能导致人体多种病变和癌变，严重危害人体各重要组织器官。烟的成分尼古丁、焦油以及吸烟时放出的一氧化碳等，都将损害人体身体健康。

尼古丁对人体的危害：可引起胃病及其他疾病；造成血压升高，心律不齐，并可诱发心脏病；损害支气管黏膜，引发气管炎；毒害脑细胞，可使吸烟者出现中枢神经系统症状；可促进癌变的形成。

一氧化碳对人体的危害：一氧化碳比氧气更易与血液中的血红蛋白结合，使血液与氧气的结合受限，失去携氧能力，造成全身缺氧，从而加重心脏的负担。可见，易受一氧化碳危害的，心脏首当其冲。吸烟者比不吸烟者患硬化性心血管病的发病率高 21 倍。吸烟者的冠心病发病率也比不吸烟的人要高，年轻人中吸烟者比不吸烟者死于冠心病的危险性要高2.3倍。

2.成功戒烟

在戒烟成功的烟民中，多达 80%的人故态复萌，重操烟火。

戒烟过程犹如一条环形路，实则更像一个环形线圈，其终点即戒除烟瘾就在圆心，戒烟者每走一圈，就距圆心越近，最终到达圆心。当然，并非所有戒烟者都能到达圆心。每一圈分四个阶段，即否认、冲突、行动、改变。

（1）克服否定态度。戒除烟瘾，一半的努力是要纠正自己否认吸烟是慢性自杀的认识，并战胜那种吸烟固然可使生活痛苦，寿命缩短，但却使人一时满足的矛盾心理。

（2）作出决定是成功的关键。吸烟者在决定戒烟时，首先要克服矛盾心理，对一个吸烟长达十年甚至几十年的烟民来说，在身体未表现出不良征兆前，要想主动戒烟，从心理上来说，是非常不容易的，只有自己态度明确，下定戒烟的决心，靠自身的毅力来抵抗外界的干扰，才能彻底戒除烟瘾。

(3)实现承诺——改变生活方式。实际行动阶段应以承诺开始,一旦作出承诺,就要信守承诺,坚持下去,最终戒烟成功。选定的戒烟方法和技术,必须同改变生活方式,即上述环形路线的第四阶段结合起来。

(4)倘若初戒烟失败。对于遭受戒烟失败的人来说,需经历一个新的否认、冲突、行动和改变的全过程。这并非易事,但只要坚持,一定会成功的。要知道,一圈比一圈更容易,在你逐圈接近圈心时,内圈越来越小了,继续前进,何愁不成功?

当然,能戒烟一定要戒烟,如戒烟一时有困难,每天吸烟应限制在 5 支以内,然后再逐步减少吸烟量,直至彻底戒烟。有人曾对吸烟进行过专门研究,发现一个规律,抽烟量多 1 倍,危害多 4 倍,即吸烟的危害与烟量平方成正比。如果烟戒不了,每天不超过 5 支烟,危害较有限,超过 5 支烟,危害就明显增加。

(二)限酒

1.过度饮酒对人体健康的危害

饮酒在有些地方极为普遍,有些人一日三餐,顿顿不离酒。

第一,过度饮酒会损害消化系统,尤其是损害肝脏。酒的主要成分是酒精,有90%~95%的酒精都要通过肝脏解毒。酒精会损伤肝细胞,引起肝病变,连续过量饮酒者易患脂肪肝、酒精性肝炎,进而可转变为酒精性肝硬化,最后导致肝癌。一次饮酒量过大,不仅会引起急性酒精性肝炎,还可能诱发急性坏死型胰腺炎,并致人于死地。

第二,长期、大量饮酒会增加患高血压和中风的危险。酒精影响脂肪的代谢,使血液中的胆固醇和甘油三酯升高,从而引发高血脂症或导致冠状动脉硬化。大量饮酒会使心率加快,血压升高,易诱发中风。长期嗜酒或过量饮酒,可使心脏发生脂肪变性,降低心脏的弹性和收缩力,影响心脏的正常功能。

第三,长期饮酒,可造成体内多种维生素缺乏。无节制地饮酒会使食欲下降,食物摄入减少,以致发生多种营养素缺乏。

第四,饮酒过度还会损害大脑,导致事故及施暴行为增加。血液中的酒精浓度达到0.1%时,使人感情冲动;达到 0.2%~0.3%时,可使人的行为失常;超过 0.5%时导致死亡。全世界的交通事故和工作事故,1/3 以上是由酗酒引起的。长期饮酒的人,神经系统往往呈慢性酒精中毒状态,有的发展为酒精中毒性精神病和酒精中毒性幻觉症,饮酒过量时有伤人、毁物等冲动行为。

第五,过量饮酒还会危害下一代。酒精对生殖细胞(精子和卵子)有毒害作用,若这种受毒害的细胞发育成胎儿,则会成为大脑迟钝的低能儿,甚至有20%左右可能成为残疾儿,给家庭和社会造成沉重的负担。孕妇饮酒,酒精能通过胎盘进入胎儿体内,阻碍胎儿脑细胞的分裂。酒精也是一种致畸因素,能诱发胎儿先天性畸形。

饮酒的危害或许还不止这些,因此最好不饮酒。如少量喝酒,最好喝果酒、啤酒或低度白酒,每天不超过50毫升。青少年正处于生长发育阶段,酒精对他们的毒害更甚,因此青少年切莫饮酒。

2.适量饮酒对人体健康的益处

(1)酒是一种营养物:白酒由于自身含醇量的影响,营养价值有限,但黄酒、葡萄酒、啤酒却含有丰富的营养物质。黄酒含有21种氨基酸,所含氨基酸量是啤酒的5~10倍,是葡萄酒的1.3倍。啤酒除含有少量酒精外,其他为碳水化合物、蛋白质、多种氨基酸、维生素等微量元素,所以被人们称为液体面包。

(2)适量饮酒能提高智商:日本爱知县国家生命科学协会研究发现,少量饮酒者比绝对不喝酒的人智商更高。研究发现,适当饮酒的男性每日饮少于540毫升的日本清酒或葡萄酒,平均智商比不饮酒的男性高3.3%。女性饮酒者智商比女性禁酒者智商高2.5%。经研究发现,饮酒能提高智商有两个原因:一是起直接作用的是酒中的多酚,有抗氧化作用及防止脑功能衰退,促进脑智力作用。二是饮酒时的饮食,饮日本清酒时会吃更多的生鱼片,因为鱼中含有与大脑发展相关的脂肪酸;饮葡萄酒时吃奶酪,奶酪中含对大脑有益的物质,因此也能间接促进脑智力发展。

(3)适量饮酒可助消化:饮酒能够增进食欲,增加营养。

(4)适量饮酒能预防心血管疾病,减轻心脏负担;可增加高密脂蛋白,降低冠心病的发生率。

(5)适量饮酒可调节人体正常的生理代谢,加速内部的血液循环。

(6)适量饮酒能使人延年益寿,愉悦身心。

3.科学饮酒

古代中医学认为,酒为水谷之气,味辛甘、性热,入心、肝二经。适量饮酒有畅通血脉、活血行气、祛风散热、健脾胃等功效。大量饮酒则相反。

现代医学研究证明,正常人体血液中,平均酒精含量为0.003%,当达到0.7%

左右时就会致死，所以适量饮酒有益健康，酗酒则有害健康。

那么，饮多少酒算是适量呢？这要根据不同的身体特点来定。一般来讲，每日饮酒量：葡萄酒 60~100 毫升，白酒 25~30 毫升，啤酒 0.5~1 瓶。

四、心理平衡

（一）心理不平衡

心理不平衡的时候很多，有的来自挫折，有的来自嫉妒，有的来自孤独。甚至有研究表明，心理不平衡还与生理健康（比如说营养、疾病、药物）密切相关。

心理失衡的现象在生活中是时有发生的。大凡遇到工作不顺心、成绩不如意、职称不满意、高考榜上无名、与家人争吵、被人误解讥讽等情况时，各种消极情绪就在内心积累，从而使心理失去平衡。消极情绪占据内心的一部分，而由于惯性的作用使这部分越来越沉重、越来越狭窄；而未被占据的那部分却越来越空、越变越轻，因而心理明显分裂成两个部分，重者压抑，轻者浮躁，使人出现暴戾、轻率、偏颇和愚蠢等行为。这是心理积累的能量在自然宣泄，其行为具有破坏性。

这时需要的是"心理补偿"。纵观古今中外的强者，其成功的秘诀之一就是善于调节心理的失衡状态，通过心理补偿恢复平衡，甚至增加建设性的心理能量。

有人打了一个颇为形象的比方：人好似一架天平，左边是心理补偿功能，右边是消极情绪和心理压力。你能在多大程度上加重补偿功能的砝码而达到心理平衡，你就能在多大程度上拥有时间和精力去从事那些有待你完成的任务，并有充分的乐趣去享受人生。

那么，应该如何去加重心理补偿的砝码呢？

要有正确的自我评价。情绪是伴随着人的自我评价与需求满足状态而变化的。

所以，人要学会随时正确评价自己。有的青少年就是由于自我评价得不到肯定，某些需求得不到满足，此时未能进行必要的反思，调整自我与客观之间的距离，因而心境始终处于郁闷或怨恨状态，甚至悲观厌世，最后走上绝路。由此可见，青年人一定要正确估量自己，对事情的期望值不能过分高于现实值。当某些期望不能得到满足时，要善于劝慰和说服自己，没有遗憾的生活是平淡而缺少活力的生活。遗憾是生活中的"添加剂"，它为生活增添了改变与追求的动力，使人不安于现状，永远有进步的余地。处处有遗憾，然而处处又有希望，希望安慰着遗憾，而遗憾又充实了希望。正如法国作家大仲马所说："人生是一串由无数小烦恼组成的念珠，达观的人是笑着数完这串念珠的。"没有遗憾的生活是最大的遗憾。

人要有自知之明，要正确地对待他人的评价。因此，经常与别人交流思想，依靠友人的帮助，是心理补偿的有效手段。

必须意识到你所遇到的烦恼是生活中难免的。心理补偿是建立在理智基础之上的。人都有感情，遇到不痛快的事自然不会麻木不仁。没有理智的人喜欢抱怨、发牢骚，到处辩解、诉苦，好像这样就能摆脱痛苦，其实往往是浪费时间，现实还是现实。明智的人是承认现实，既不幻想挫折和苦恼突然消失，也不追悔当初该如何如何，而是思考如何解决问题。这样就会减少心理压力，尽快平静下来，对事情进行分析，总结经验教训，积极寻求解决的办法。在挫折面前要适当用点"精神胜利法"，即所谓"阿 Q"精神，这有助于逆境中进行心理补偿。例如，实验失败了，要想到失败乃是成功之母；被人误解或诽谤，要想到"在骂声中成长"的道理。

但是，在作心理补偿时也要注意，自我宽慰不等于放任自流和为错误辩解。一个真正的达观者，往往是对自己的缺点和错误最无情的批判者，是最严格要求的进取者，是乐于向自我挑战的人。

记住雨果的话吧："笑就是阳光，它能驱逐人们脸上的冬日。"

（二）心理平衡的自我测定

据心理学家研究，我们可以通过以下方法对自己的身心健康进行测定和评价：下面四个方面问题各有若干项目，你可根据自己最近一周内的实际感觉，在各题前标上 1~5。其中"1"表示自觉无该项症状；"2"表示自觉有该项症状，但发生不频繁或不严重；"3"表示自觉有该项症状，程度为轻到中度；"4"表示自觉常有该项症状，其程度为中到严重；"5"表示自觉常有该项症状，其频度和程度都十分严重。

1.人际关系敏感度

人际关系敏感度主要指个人的不自在感与自卑感。

①求全责备；②容易哭泣；③感情容易受到伤害；④感到人们对你不友好，不喜欢你；⑤感到别人不理解你，不同情你；⑥感到比不上别人；⑦当别人看到你或谈论你时感到不自在；⑧对别人神经过敏。

2.忧郁度

忧郁度的表现症状是苦闷忧郁的感情和心境，对生活的兴趣减退，缺乏活动的愿望，丧失活动力等。

①对异性的兴趣减退；②感到自己精力下降，行动迟缓；③想结束自己的生命；④感到受骗，中了圈套或有人想整自己；⑤与异性相处时感到害羞或不自在；⑥责备自己；⑦感到孤独；⑧感到苦闷；⑨过分担忧；⑩对事物不感兴趣；⑪感到前途没有希望；⑫感到任何事情都很困难；⑬感到自己没有什么价值。

3.敌对度

敌对度表现为敌对思想、感情及行为。

①容易烦恼和激动；②自己不能控制而大发脾气；③有想打人或伤害他人的冲动；④有想摔东西或破坏东西的念头；⑤经常与人争论；⑥大叫或摔东西。

4.偏执度

偏执度主要指思想方面偏执。

①责怪别人制造麻烦；②感到大多数人都不可信任；③感到有人在监视你、议论你；④有一些别人没有的想法或念头；⑤认为别人对你的成绩没有作出恰当的评价；⑥感到别人想占你的便宜。

用各单项得分之和除以项目数，得到某方面的平均分，若平均分高于3，表明你可能在该方面失去了心理平衡。通过测试，可以使你对自己有所了解，并及时采取措施，进行自我身心调节，并在必要的情况下，及时向有关方面专家咨询治疗，不致给自己带来更大麻烦。

（三）青少年心理健康的主要特征

大量实践证明：人的身心发展和成熟与生活的家庭、集体、社会环境有很大的关系。青少年的心理健康既依赖良好环境的熏陶与引导，更需要学校德、智、体、美、劳教育的积极措施提高他们的整体素质，使他们成为未来所需要的建设者。至于心理健康标准，各国专家有不同的理论依据和具体标准，而根据我国国情和社会经济发展的需要，我们认为心理健康的主要特征应包括以下相互联系的八个方面：

（1）智力正常。能正确、客观地认识自然和社会，头脑清醒，能以积极正确的态度面对现实的问题、困难和矛盾，既不回避也不空想。智力包括观察力、记忆力、注意力、思维与想象力以及各种操作能力,等等。

(2)情绪反应适度。情感表现乐观而稳定,心胸开阔,对一切充满了希望,既不为琐事耿耿于怀,也不冲动莽撞,能保持平常心,以愉悦的情绪去感染人。

(3)意志品质健全。对自己的言行举止表现出一定的自觉性、独立性和自制力,既不刚愎自用,也不盲从寡断;在实践中注意培养自己的果断与毅力,经得起挫折与磨难的考验。

(4)自我意识正确,有自知之明。在集体中自信、自尊、自重,少有自卑之心,也不傲视他人;对自己的优缺点有正确的评价与要求;在实践中不断开发自己的潜力以实现理想与人生价值。

(5)个性结构日趋完善。个性是一个人经常的、本质的和别人相区别的心理特点的总和。它包括心理倾向性(如需要、动机、兴趣、意志等),个性心理特征(如能力、气质、性格等)。人的生活条件、受文化教育程度、从事的生产与社会实践越是优越、丰富、完善,人的个性结构的日益完善也就有了保证。目前,整个教育系统都在进行全面的改革,从以往的应试教育转向全面的素质教育,这就为人的个性结构的日趋完善创造了更好的条件。

(6)良好的人际交往。乐于和善于与人交往,能和大多数人建立良好的人际关系,重视友谊也不拒绝别人的关心与帮助。与人相处时积极态度(如热情、坦诚、尊重、信任、宽容、融洽)多于消极态度(如嫉妒、冷漠、怀疑、小性儿、计较);能很快适应新环境,与他人打成一片。

(7)行为得体,生活态度积极。珍惜一切学习与工作的机会,行为上表现出独立自主、不以他人好恶作为个人行为的依据,既不盲从,也不受诱惑,能做到有所为有所不为。

(8)反应适度。对外界事物的反应和活动效率积极、主动,而富有成效。不冲动、毛躁,也不敷衍塞责。

以上是心理健康表现的众多方面,它们之间是相互影响、相互促进的。青少年由于在年龄、生理、身体健康状况、具体生活条件、文化教育程度等各方面存在的差异,所以要用发展的眼光去分析,要求初中生和高中生一样成熟是不可能的。

(四)保持心理平衡的方法

1.倾诉

倾诉可取得内心感情与外界刺激的平衡。当遇到不幸、烦恼和不顺心的事时，切勿忧郁压抑,把心事深埋心底,而应将这些烦恼向你信赖的人倾诉,自言自语也行,对身边的动物讲也行。

2.旅游

当一个人心理不平衡、有苦恼时,他应到大自然中去。山区或海滨周围的空气中含有较多的阴离子。空气中的阴离子越多,空气越新鲜,人体神经体液的调节功能增强,心里就越容易平静。

3.读书

读感兴趣的书,读轻松愉快的书,一本好书会使人爱不释手,那么,尘世间的一切烦恼都会被抛到脑后。

4.听音乐

音乐是人类美好的语言。听轻松愉快的音乐,会使人心旷神怡,沉浸在幸福愉快之中而忘却烦恼。放声唱歌也是一种气度,一种潇洒,一种对长寿的呼唤。

5.求雅趣

雅趣包括下棋、打牌、绘画、钓鱼等。从事你喜欢的活动时,不平衡的心理自然会逐渐得到平衡。不管面临何种烦恼和威胁,一旦你喜欢的活动展开,脑海里便没有它们的立足之地了。

6.做好事

做好事,获得快乐,平衡心理,内心得到安慰,感到踏实;别人作出反应,自己得到鼓励,心情愉快。仁慈是最有价值的品质,从自己做起,与人为善,在别人需要帮助时,伸出你的手,送一份关心给人。

7.忘却

忘却也是保持心理平衡的好办法。忘记烦恼、忘记忧愁、忘记苦涩、忘记失意、忘记昨天、忘记自己、忘记他人对你的伤害、忘记脆弱的情怀、忘记你曾有的耻辱,这样你便可乐观豁达起来。人生的道路是曲折坎坷的,对于荣辱、富贵、贫穷、诽谤、嫉妒、酸楚等一笑置之，那么你就得到解脱了，心理就平衡了。要忘却有害无益的人和事，保持心理平衡。

（五）减少心理不平衡的10种方法

（1）当机立断。悬而未决的事情绝不会自行解决，只会让人更多地处于不安状态。

（2）寻找港湾。你需要一间自己的房间以补充新的活动。房间不要堆得太满，四周放些自己喜爱的东西，如一张对你很重要的画，一束香气四溢的花，每天到这里一次。

（3）积极思维。你是自己命运的创造者，推卸责任不仅毫无用处，而且还会削弱自信，必须停止自己是牺牲品的想法。

（4）减少刺激。不需要知道一切，相信已得到自己需要的信息；也不必参加肤浅的谈话，只需对与自己有关和感兴趣的问题发表看法。

（5）每天沉思。沉思能带来力量和心灵的平静，每次至少有10分钟不被打扰，最好是没有任何依靠，背挺直坐着，闭眼、深呼吸。

（6）寻找自信。你是有才能的，只是很少得到欣赏，也可能连自己也低估了你的长处和才能，但你必须将至少一种能力变为业余爱好，如书法、绘画等。

（7）自我发泄。你有权发火，被压下的怒气往往使人变得抑郁、消沉和听天由命。

（8）享受生活。每天享受一些好的东西，在别人欣赏你的同时你也越来越会自我欣赏。

（9）回归自然。回归自然能使人获得安慰和解脱。

（10）献出爱心。在对他人做了友爱的举动时，也就是为自己内心的心理平衡做事情。

第三节　亚健康

一、亚健康的定义

世界卫生组织把人的健康状态分为三种:健康状态、病态和亚健康状态。通常人们又把健康称为人体的“第一状态”,把身患疾病称为“第二状态”,而把介于健康与疾病之间的生理状态称为“第三状态”。“第三状态”也叫疾病前状态或“亚健康状态”。所以亚健康的明确定义应该是:无明确疾病(包括生理的和心理的),但却表现为衰弱、精神活力下降、对外界适应能力减弱、劳动能力降低甚至丧失的状态。

(一)亚健康状态的表现

亚健康在临床上有各种各样的表现,主要是“一多三减退”,即疲乏多,活力减退、反应能力减退、适应能力减退。具体表现:精力不足、疲劳困乏、注意力不集中、头痛、肩酸痛、腰酸、背痛、双腿乏力、食欲不振、心慌、气短、月经不调、性功能减退等。

(二)亚健康的基本特征

亚健康的基本特征是身体虽然无明显疾病,但却精神状态欠佳,体力下降,适应能力减弱。亚健康会间断或持续地出现,但通过科学调理,又可明显消失,恢复健康状态。

(三)产生亚健康状态的原因

产生亚健康状态的原因很多,主要是来自工作和生活方面的压力。这些压力主要表现在三个方面:学习、工作、生活。这些因素不断地影响人们,久而久之,人们的心理就容易出现偏差,行为就容易出现异常,从而引起情绪不佳、心理不安、喜怒无常,也就是人们所说的亚健康状态。

二、亚健康的预防

要走出亚健康状态，科学调理是关键，专家把这种调理概括为"五要"。

（一）要保持心理健康

在人的一生中，难免会出现痛苦和烦恼，最重要的是通过心理调节保持和迅速恢复良好的心态，切忌情绪先行。之所以会"当局者迷"，就是因为情绪让人迷乱并且困惑，所以只有调节好情绪，才能解决好问题。一个人在日常生活中始终保持良好的心情，当面对问题时，就能较快恢复理性和有效处理问题。

（二）要合理膳食

不断补充营养是保持人体精力充沛的前提，处于亚健康状态者的每日膳食，除应保证蛋白质、脂肪、碳水化合物、维生素等必需的营养物质外，还应注意克服两种不良的膳食倾向：一是食物中某些营养素和热量不足；二是食物营养和热量过剩。这两种倾向都足以导致亚健康状态。

（三）要学会倾诉

倾诉是缓解心理压力、排除烦恼的重要方式。当今社会，人们的压力越来越大，生活中让人烦心的事也越来越多。当我们遇到压力和烦恼时，应敞开心扉，及时向朋友、同事和亲人倾诉，以获得精神支持。烦恼时向他人倾诉和求助，有益于减轻生活压力，减少疾病的发生与复发。

（四）要选择适合自己身心状况的健身运动

据调查，目前我国亚健康人群高达75%。精神过度紧张、身体运动不足、公害问题严重、身体营养过剩是妨碍健康的主要因素。要克服这些因素，光靠药物是不能解决问题的，必须加强锻炼，因为运动是走向健康的重要途径。运动不仅对身体有益，而且还能促进心理的健康与情绪的稳定，从而有效地控制和预防亚健康。无论是家务清洁工作、跳舞或是外出步行、爬山等，只要身心状况允许，就要选择适合的运动项目，并坚持锻炼。

（五）要了解生理周期

每个人的心理状态和精神状态在一天中是不断变化的，有高潮也有低谷，因人而异。不妨连续测定一下自己每天的心理状态和灵敏反应，找出自己的精力曲线变化规律，然后合理安排一天的工作和活动。这一点对亚健康状态者很有必要。

第四节　健康基础理论

一、健康与运动

在对影响人体健康诸因素的思考上，现代人已学会从环境（包括自然环境和人文环境），以及个人的生活习惯、嗜好、营养水平、运动状况，个人的社会地位、经济条件、职业差异、教育水平等方面寻找原因，因而也就避免了单向性思维带来的偏差。

在健康标准的确定上，现代人也不再以单一的指标或外观衡量人的健康水平，而是建立了多指标、多层次、综合性的健康标准。

在健身方法的选择上，现代人已不相信只用某一种方法即可达到全面健身的目的，明确了须从多个方面，以多种手段和方法来达到。综合健身观是一种系统观，它把人的健康看作多种因素作用的结果。既要注意修身养性，调节心理和精神状态，又要注意活动筋骨，进行运动锻炼；养成良好的习惯，注意饮食营养和卫生。这样才能保持和促进人体健康。

人是自然的，也是社会的；是物质实体，也是精神主体。健康不但指强健的体魄，还指完善的人格和良好的心理状态，这就是身心健康观的内涵。持之以恒地进行适度体育运动，是塑造强壮体魄最有效的方法。体育运动的方式极多，不同的方式可以发展和锻炼人的不同器系。因此，千百年来，体育运动一直被人们用来强身健体。

（一）运动与健身的关系

1.运动可促使人体格健壮

体格是人体的形态结构，包括人体的生长发育水平，人体的结构规格和比例，以及身体的姿态等。

在人的生长发育期间，各类细胞的繁殖和细胞间质的增加使人的形体发生了变化，各种器官系统在形态和机能上也有了较大的改变。身体运动可以促进细胞繁殖，提高各种器官系统的机能水平，从而提高生长发育的质量。

同时，运动可以促进骨骼和肌肉的发展，加快骨骼增长，有助于人体长得更高；使肌肉纤维（细胞）的数量增加横截面增大，有助于人体规格和比例更加匀称合理，为良好的体姿和体形打下坚实的物质基础。

2.运动可全面地发展人的体能

体能是人体肌肉活动中表现出来的能力，是人的各器官系统的机能在人体运动中的具体体现。它包括身体素质（即人在运动时表现出来的力量、速度、耐力、柔韧等）和身体的基本活动能力（走、跑、跳、投、攀、爬和提举重物等能力）。

运动可促进各种器官系统机能的发展，而机能的发展与体能和表现是一致的，因此，在提高体能的过程中，为适应身体运动的需求，身体各种器官系统必须强化其功能。如要发展耐力素质，就必须提高心血管系统、呼吸系统以及肌肉系统持久工作的能力。全面发展体能，能促使人体形态和机能的全面协调发展；反之，人体形态和机能的全面发展，亦使人体的肌肉活动能力和其他基本活动能力得以全面提高。体能的提高不仅有助于人们从事各种体育运动，也加强了人们日常生活的能力和工作能力。

3.运动有助于提高机体的适应能力

适应能力是指人体对内外环境变化的耐受能力和平衡能力，包括对内外环境的适应力和对疾病的抵抗力，人体的内部环境与人体置于其中的外界环境，都是在不断变化的。就人体内部环境而言，其血浆渗透压和酸碱度通常处于动态变化中。如酸碱度的变化会使人体的机能发生变化，超过一定范围则会危害正常机能，出现酸中毒或碱中毒现象。长期坚持运动的人体对内部环境变化的耐受范围明显增大，机体抗酸能力有所增强。同时，由于机能节省化现象，人体有了更强的工作能力和抗疲劳能力。运动的人体会与外界环境发生密切联系，并且受其影响。在各种气候和环境条件下进行运动锻炼，能够有效地改善有机体的调节能力，从而提高有机体对外界环境变化的适应能力。同时，由于运动促进血液循环，加速新陈代谢，提高造血机能，增强免疫能力，因此提高了人体对病毒、病菌的抵抗力，减少了人体受疾患侵扰的可能性。

适宜的运动能使人的体格、体能以及适应能力等得到全面的发展，不仅使人的外形健美，也使人的内部机能和机制加强，人的体魄就因此更加强壮健康。

（二）运动健身的基本要求

并不是所有运动都能健身。盲目地进行运动不仅不能达到健身的目的，还可能带来严重的副作用，甚至伤害身体。在参加运动锻炼时，应注意遵守一些基本规则和要求。

1.因人而异

每个人的体质、体形、机能状况、运动负荷能力、恢复适应能力等，均有所不同。因此，每个参加运动健身的人都应该根据自己的实际情况，选择适合自己的健身方法，安排适宜自己身体状况的运动负荷。应从以下几个方面予以注意：

（1）根据自己的健康状况进行运动健身。健康状况如何，仅靠自我感觉是不够的，健身者应当事先进行全面的身体检查和测试，清楚了解自己的身体状况，以便选择适合自己的运动方式和锻炼方法，安排适宜的运动负荷。

（2）根据自己的兴趣、爱好和习惯进行健身锻炼。兴趣和爱好有助于长期坚持锻炼而不感到厌倦和枯燥，从而强化锻炼的积极性。同时，要尽可能根据个人生活习惯，特别是作息习惯来安排锻炼时间。锻炼时间通常安排在空闲的时候。

（3）健身锻炼应注意有效性。要针对自身的不足，尽可能选择那种最能有效锻炼的部位、最容易掌握和实施的运动方法，内容应少而精，不宜太多太杂，以有实效的练习为佳。

2.因时制宜

因时制宜是根据寒暑互易、昼夜交替的变化规律，分别选择不同的运动方式进行锻炼。这对高速调整人体生理功能，加强人体适应自然的能力、协调人体内外环境、保证健身效果是十分重要的。

春夏秋冬四季的气候变化，使人体内部也随之而变化。通常要求是：春季以轻柔舒缓的锻炼方法为主；夏季防止运动量过大；秋季注意敛阴护阳，以静为主，配合适当的身体运动；冬季则要谨避阴寒，大风、大雪、大雾中锻炼有伤身体，室内锻炼应勤开门窗使空气流通。

一日之中也有昼夜晨昏的变化。根据现代科学研究,不宜太早锻炼,活动量与强度也不能太大,因为太早时地表温度低,空气中有害气体停留在较低处,对健康不利,活动量太大容易引起上午的疲劳,且早晨人体的基础代谢低,心血管系统承受负荷的能力较低,活动强度大易伤心脏。下午4时之后进行健身锻炼是一天中的最佳时期,此时人的运动系统及呼吸循环系统的机能状态最适宜运动。

3.持之以恒

长期坚持锻炼,才可能使人体的形态、机能产生实质性的变化。一曝十寒不但不能提高健康水平,还易使机体受到伤害。因此,锻炼者应养成健身锻炼的习惯,坚持不懈,持之以恒。

持之以恒也是对锻炼者的意志和耐心的考验,锻炼者应有正确的认识和坚定的信念。同时,锻炼目标应切合实际,不宜一下子把目标定得太高,要循序渐进,一步步去达到。

4.适度运动

运动健身对人体产生影响的重要因素就是运动负荷。运动负荷由运动量和运动强度构成,前者是指运动的数量,后者是指运动对人体的影响程度。

运动负荷是一把双刃剑,既可能提高机体的机能,也可能对人体造成伤害。科学研究表明,人体各器官系统的机能,不是一下子就可以提高的,而是一个逐步发展、逐步提高的过程。因此,进行健身锻炼应根据自己的性别、年龄、健康状况、锻炼基础、营养条件等来确定每次锻炼的运动负荷大小。在运动量和运动强度上,要把握适度和循序渐进的原则,从小到大,逐渐增加,切忌急于求成。

5.全面锻炼

全面锻炼是指通过各种运动锻炼方法,使身体形态、机能、素质、适应能力和心理品质等方面得到全面和谐的发展。应尽可能选用全面锻炼身心效果的锻炼内容和方法。同时,应注意做到动静结合、身心结合和内外结合,即形体运动的锻炼与形体静止的锻炼相结合,动力性运动与静力性运动相结合,形体锻炼与心理品质培养和保持良好精神状态相结合,人体内部系统锻炼与外部肢体锻炼相结合。

二、健康与生活方式

美国流行病学所做的医学调查研究表明,生活方式是影响人们健康的首要原因。在美国20世纪70年代的死因构成中，来自生活方式的原因高达50%。据我国武汉医学院社会医学教研室梁浩才的调查，我国死因构成中来自生活方式的原因也高达44.7%。

现在，人们对健康的要求上升到一个新高度，期待更富有、更丰富多彩的生活，基础是健康。近年来，世界卫生组织在世界保健宪章中，在对健康的概念作出具体阐述的同时，补充了衡量健康的十条标准，规律的体育活动加合理的营养是达到这些标准的最重要的保证。因为人的健康10%～15%取决于医疗保健，15%～20%来自遗传，20%～25%依赖环境，而生活方式和条件则占了50%～55%。因此，营造健康首先要营造一种健康的生活方式。

（一）生活方式的构成

1.生活时间

生活时间包括睡眠时间、进食时间、工作时间和余暇时间。余暇时间是人们直接参加体育活动的主要时间。随着社会的进步，人们的工作时间减少，余暇时间相对增多，为健康的生活方式提供了基本的保障。

2.生活空间

生活空间是指人生活的环境，也是与健康的生活方式息息相关的一个重要因素。如果我们的私人生活空间较为狭小，就会影响很多事情的进行，甚至出现生理、心理上的变化；但如果太大的话，又会有孤独、空旷感，同样也会影响人体的正常发展。

3.生活节奏

生活节奏是人类进行各项活动的时间的长短。随着科技的发展，现代社会呈现出快节奏的特点。快节奏的生活提高了生命的效率，使人们在相同的时间内可以为社会创造更多的财富；但与此同时，这样的生活也给人们的健康带来了许多麻烦，压力大、易疲劳、精神不振成为现代人的通病。

4.个性习惯

个性习惯是每个人特有的区别于他人的生活规律和行为。不同的人喜欢的事物不同，从事的活动也各有特点，这是生活方式中一个不容忽视的因素。

5.经济水平

经济水平指每年个人或家庭的收入状况和所处的阶层,人们只有在经济水平提高,吃穿住有保障的情况下,才会有时间去关注其他的休闲娱乐。目前,我国的人均消费水平稳定持续增长。

(二)健康生活方式要求

1.美国的健康生活方式要求

美国加州大学莱斯特·布莱斯诺博士对约7000名11~75岁的不同阶层、不同生活方式的男女居民进行了9年的研究,结果证实,人们的日常生活方式对身体健康的影响远远超过所有药物的影响。

据此,布莱斯诺博士和合作者研究出一套简明的、有助于健康的生活方式:

(1)每日保持7~8小时睡眠。

(2)有规律的早餐。

(3)少吃多餐(每日可吃4~6餐)。

(4)不吸烟。

(5)不饮或饮少量低度酒。

(6)控制体重(不低于标准体重的10%,不高于标准体重的20%)。

(7)有规律地锻炼(运动量适合本人的身体情况)。

此外,每年至少检查一次身体。布莱斯诺博士指出,它适用于各个年龄段的人,特别适用于身体功能处于下降阶段的人。一般来说,年龄超过55岁的人如果能按上述的6~7种习惯去生活,将比仅仅遵循3种或更少的习惯生活的人长寿7~10年。

2.苏联科学家建议的健康生活方式

苏联著名医学博士茨曼诺夫斯基在莫斯科学者之家所作的演讲——《健康长寿的公式》,令人尤感兴趣。他试图精选出现代人健康的主要成分,并找出它们之间的相互关系。他指出应重视以下6个方面:

(1)保持神经系统的稳定性,并尽量保持良好的情绪。现代人生活在信息时代,神经常处于紧张状态,只有善于将不良情绪转化为良好情绪,才能保持和增强自己的健康体质。善良、诚恳、对他人的关心与尊重、幽默感、对工作的认真态度和熟练的技能，是保持精神健康的可靠品质。

爽朗的性格在很大程度上是由以下几种因素促成的：遵守劳逸结合制度，讲究个人卫生，注意性生活卫生，进行体育活动和自我训练，听音乐，坚持体力劳动，常投身于大自然的怀抱之中。

（2）不断增强心血管系统的功能。心血管系统是生命保障体系中最薄弱的一环。增加其功能的有效手段是竞走、跑步、游泳、滑雪、划船和骑自行车。这些活动有益于心血管系统，对人体的神经、呼吸及其他系统也有积极作用。

（3）保持体重正常。体重超过正常标准，极易引发各种疾病，导致提前衰老。要战胜肥胖症只有两种可靠的办法：一是限制摄入的食物热量，但营养成分要充足，宜多食用天然蔬菜和水果，少吃面食和甜食；二是以周期性锻炼（竞走、跑步、游泳、滑雪、划船和骑自行车）为主的积极运动的生活方式。

（4）增加身体的抵抗力。身体的抵抗力越强，受其他疾病的侵害就越少。其唯一途径就是经常进行提高调节机制的锻炼。

（5）促进呼吸系统的机能。其目的大都是改善大脑供血系统和其他器官的功能，也可使免疫系统得到增强。

（6）强化骨骼肌肉组织和各关节功能。这一条对所有内脏器官来说都极其重要，因为发达的骨骼肌肉能使内脏器官的机能得到加强。要使这些器官经常处于训练状态，其方法是通过体操和按摩来增强双手、背部、腹部、胸部、双腿、颈部等部位肌肉，这样有助于改善体态和灵活关节。

三、健康与环境

（一）运动环境

运动环境是指人们进行体育运动时所处的外界条件，如空气、水、场地和运动建筑设备等。运动环境也是人类赖以生存的自然环境的一个局部，因而它受自然环境的影响。

环境因素对人体健康有影响，而对人体在运动时的影响更大。人体在进行运动时，体内物质代谢增强，与环境的关系更为密切，受环境的影响就更大。例如，普通成年人每分钟吸入空气约 9 升，而在剧烈运动时，每分钟吸入的空气可达 100 升，增加了 10 余倍。若空气中含有有害成分，运动时吸入体内的有害物质就比平时多得多,对身体的危害更大。再如,人体有维持体温恒定的机能,它是通过体内的产热和散热过程的增强或减弱来适应外界气温的变化,当外界气温低时,体内产热增加,散热减少;相反,外界气温高时,则散热增加,产热减少。但是,当人体在进行体育活动时,不管外界环境如何,体内产热都会大量增加,一般人安静时每分钟消耗热能约 1.56 千卡,而在剧烈运动时可达几十千卡甚至上百千卡,可比平时增加 100 倍以上。体内产生这样多的热能,在高温环境下是较难向外散发的,体内的多余热能不完全散发出来,就会蓄积在体内而使体温升高,因此,在高温环境下运动较易中暑。

此外,运动场地的硬度和平滑情况,对人体在进行运动时的影响也是较大的,因为人在进行跑跳活动时,踏地的力量很大,如起跳时的踏地力可达几百千克,踏地力越大,受地面的反作用力越大,地面越硬,其反作用力也越大。若场地过软,反作用力不够,就会影响运动能力的发挥;相反,若场地过硬,反作用力过大,则容易造成下肢的应力性损伤(如骨与胫腓骨的疲劳性骨膜炎或骨折,或创伤性关节炎等)。场地不平或过滑则易使人摔倒而产生损伤。

还有,运动环境中的场地或水质不清洁,土壤或水中含有较多致病病菌,当人体与其直接接触时,特别是皮肤有破损的情况下,很容易受到病菌感染,发生伤口化脓或黏膜发炎等病症。

以上说明,环境对人体在运动时的影响比平时大,因此,为了保护身体健康和保证运动能力的发挥,必须注意环境的状况,尽量使其符合卫生要求。

(二)运动环境对人体健康的影响

1.冷环境对人体健康及运动能力的影响

冷环境一般指气温在 0℃以下。人们之所以能在寒冷的环境中劳动和生活,除了必要的衣着保护外,更重要的是依赖自身的调节和适应。坚持在冷环境中运动可改善人体对寒冷的适应能力,提高耐寒力,有助于身体各系统机能的进一步加强。

(1)机体对冷环境的适应。一些研究指出,人处在较冷气温中几个星期后,寒战发生推迟,冷适应的人可以增加非寒战产热过程以保证产热,使寒战减轻。非寒战产热过程主要来自人体棕色脂肪组织产热和运动产热。在朝鲜和日本南部生活的一些妇女,她们能在冬季约 10℃的冰冷海水中潜水作业数小时。有人作过研究,她们的代谢能力要比生活在同一地区的其他妇女高 25%左右。

(2)寒冷环境中的运动能力。在寒冷环境中进行体育活动会因外周血管的舒张降低身体对寒冷的绝缘能力,但是,运动中旺盛的新陈代谢会使体内产热量增加,仍然能够保持与热平衡的相适应。如果是在温度较低的水中游泳或潜水,尽管运动中代谢产热量增加,但仍可能低于身体热量的散失。长距离项目的游泳运动员一般都具有较高的体脂百分比,使得在长时间游泳时的散热速率减慢。经常在冷环境中锻炼可以加速对寒冷的适应。

(3)在寒冷环境中运动时的疾病预防。如果长时间暴露在寒冷的环境中,低温的刺激会使身体产生损伤。损伤一般分为局部性损伤(或称冻伤)和全身性损伤(或称冻僵)。在冬季或在寒冷地区运动的人应注意保暖,如运动前增加热身活动提高身体的新陈代谢能力,使身体作好抵御寒冷的准备。

2.热环境对人体健康及运动能力的影响

环境温度对运动能力的影响主要表现在两个相矛盾的方面:一是需要充分的血液供应以保证肌肉代谢所需,而另一方面代谢产生的热又必须尽快通过血液从深部组织传递到皮肤表面散热,这样一来又无法满足收缩中的肌肉对氧的需求。

(1)体温调节与热适应。在高温与热辐射的长期反复作用下,人体会在一定限度内逐渐产生对这种特殊环境的适应,主要表现在体温调节、水盐代谢和心血管机能方面的改善。热适应锻炼所需的时间与锻炼的强度和气候条件有关,一般为5~7天。

(2)热环境中的运动能力。人体从事体育运动时的最佳体温是37.2℃,骨骼肌的温度是38℃。在温度适宜的环境中从事体力工作,体温会因体内产热量增加升高达40℃,剧烈运动时可能还要高。因此,在高气温、热辐射、高温度的环境条件下长时间剧烈运动(如超长距离跑或马拉松),由于体表散热效率低,易形成体内瘀热而产生热疾患。

(3)预防运动中的热疾患。人体的热适应有一定的限度,如果超过适应能力的范围,可引起正常生理机能的紊乱,造成运动热疾患的发生。为避免这种情况,热环境中的体育锻炼应尽量选择在早上和傍晚较凉爽的时候进行,并安排有规律的饮水和休息时间。

3.高原环境对人体健康及运动能力的影响

(1)海拔高度和人体的氧运输能力。在高原,人体被迫处于一种低气压、低氧分压的特殊缺氧环境中,大气环境中氧气的密度或氧分压会随海拔高度的上升而下降。一般的人在海拔 2000 米以上时,由于缺氧可能会出现轻微的视觉症状,3000~4000 米以上呼吸频率及心率加快及头痛、眩晕等缺氧症状就表现出来,4000~5000 米以上则必须供氧才能保证安全,7000~8000 米如果不供氧,大部分人将出现异常病理症状,久之甚至会危及生命。

(2)高原适应——人体对缺氧环境的生理适应。与世居高原的人相比,平原人初上高原,经数周或数月的高山适应,人体对特殊环境会产生迅速的调节反应,提高对缺氧的耐受能力,这一过程就是高山或高原适应。

人体对高原环境产生的调节、适应,包括由环境氧至细胞线粒体的氧运输系统的各个环节。适应中,脑、心和骨骼肌等组织器官和毛细血管网密度增加,肌肉内有氧代谢的供能站——线粒体及有氧代谢酶的活性增加,极大地改善了机体氧的运输和利用能力,从而部分代偿了环境缺氧。

(3)高原环境下的运动能力。即使是在海拔较低的高山地区,人体对缺氧的调节与适应并不能完全代偿环境的缺氧,高原环境下运动时更是如此,适应一周后,人体运动时受最大心率和心脏搏出血量的影响,最大心输出量降低。因此,在高原或高山进行有氧运动,如高山滑雪或越野滑雪,应适当降低运动强度,否则,运动中的能量供应将由无氧酵解形式取代,极易引起疲劳。

(4)高原运动时应注意的某些医学问题。虽然人的体能对缺氧环境产生迅速的应激反应,但多数平原人在上高原的头几天会出现急性高山病,主要症状有精神倦怠、头痛、恶心、呕吐、虚脱、睡眠紊乱和呼吸困难等,有的甚至出现充血性心力衰竭。

对进入高原的体育爱好者,事先应做 X 射线胸透、心电图、血象和血压等医学检查,异常者以不进入高原为宜。在实施高原运动计划前,有针对性地进行一些适应性锻炼,对尽快适应高原环境来说,无疑是一种积极有效的预防措施。

(三)运动环境卫生

1.自然环境的卫生

人们运动时所处的自然环境,主要由空气、水、土壤等因素组成,这些因素的卫生状况直接影响人们的身体健康和体育锻炼效果。

(1)空气。空气的化学成分差异和物理特性的不同,都会对人体的健康和体育锻炼的效果产生不同的影响。

在体育运动时，新陈代谢旺盛，呼吸加深加快，肺通气量比平时大大增加，剧烈运动时，肺通气量比平时高10倍。如在空气污染严重的地区运动，吸入体内的有害气体也会较平时大大增加。因此，体育锻炼应尽可能选择在污染少、空气清新的地区进行，以确保收到良好的锻炼效果。

(2)水。水是游泳、水球、跳水、花样游泳、帆板和冲浪等多种运动项目的直接运动环境，它的卫生状况和温度高低，与人体健康和体育锻炼效果有着直接的联系。

水的卫生状况：水的卫生状况对水中运动者的身体健康有很大影响，水质不清洁，水中的病菌和有害物质直接通过皮肤、黏膜和口腔进入体内，影响身体的正常功能。如在带有病菌、寄生虫或有化学污染的水中运动，可引起痢疾、伤寒、眼结膜炎、血吸虫病和皮肤炎症等疾病。无论是在游泳池，还是在江河湖海等自然水域中运动，都必须注意水的清洁卫生。

水温：水温对人体的机能反应有很大影响，一般在水中运动，水温保持在22~26℃为宜。一定温度的水可使体表血管扩张，改善组织营养，帮助消除身体疲劳；水温过高，会使神经系统的兴奋性下降，而影响身体的运动能力。冷水可提高神经系统的兴奋性，增强体内物质代谢和各器官系统的活动；水温过低，会造成身体散失热量过多而影响身体的生理活动。在进行冷水浴锻炼时，应遵循因人而异、循序渐进的原则。

2.运动建筑设备的卫生

(1)体育馆。体育馆的大小，应根据该馆的用途和卫生要求来设计。如系篮球、排球及体操项目的小型综合用馆，除了应考虑使用场地最大的篮球项目的标准场地外，还应在篮球场地四周留有宽度为1.5米的安全地带，以及篮球、排球、体操器械的储放区。体育馆的高度不应低于6米。

体育馆的地面应平坦、坚固、不滑和不炫目，以木质地板为好。体育馆的墙壁应无明显的棱角和突出部分，空调、暖气设备应尽可能地安装在墙内。

馆内的照明和通风也应符合卫生要求附设更衣室、厕所、饮水处，有条件的还可配置休息室和淋浴室。

馆内应保持清洁，入馆应穿清洁的软底鞋，禁止在馆内吸烟、乱扔果皮纸屑和随地吐痰，镁粉应放在专门的器皿中。

馆内的体育器械应符合标准,儿童和成人的器械需加以区别;器械的安装应牢固,并配置有安全保护装置,如体操器械周围有松软的垫子,且垫子间的连接应无缝,每次练习前,都应检查器械的安全性能;经常保持馆内体育器械整洁。

(2)田径场。田径场的跑道应坚固,不怕雨水冲淋,并具有一定的弹性,跑道还应保持一定的湿度,而又便于雨水向底层渗透。跑道的表面应平坦,无凹坑、碎石、浮土和其他杂物,也不能太滑,以防运动者滑倒摔伤。跑道的终点线外,应留有15 米以上的缓冲跑道,且不得堆置杂物,以免发生碰撞事故。为适应下肢爆发力量训练的需要,有条件的可在一般跑道的内圈修建一条木屑跑道,以减轻运动者下肢关节、骨膜的震动。跑道在使用的同时,应注意保养和维修,随时填平起跑线处后蹬形成的凹坑,剔除杂草,清理杂物,在炎热的季节里经常在跑道上洒水等。

跳跃场地的方位安排应合理,在助跑跳跃时,应能避免阳光耀眼。助跑场地应平坦、结实和富有弹性。踏跳板面与跑道处同一平面上。沙坑内沙子应松软,没有砖头、石块等硬物,在干燥的季节里不会起尘土。沙子可用30%的锯末和70%的黄沙搅拌而成。沙子的厚度一般为50~60 厘米。沙坑的边缘最好由木质制成,高度与沙面、跑道平齐。每次练习前,应将坑内沙子掘松、耙平,掘沙的铲耙不得放在坑内或坑旁。

投掷区应有明确的划分,链球和铁饼的练习区应设置保护网。投掷场地的助跑区应平坦、坚实而富有弹性。

田径器械应符合规格,长度、高度和质量都要符合不同年龄、对象的需要。练习前应检查器械的安全性能,如跳高架是否结实,标枪杆有无裂纹等。

(3)球场。足球场地应平坦,最好铺有草皮,场地上不应有石子、砖块、碎玻璃、铁钉等硬物。在炎热干燥的季节里,练习前30~40 分钟应在场地洒上水。在雨天或泥泞状况下使用场地后,应及时对场地进行平整保养。

篮球、排球场地面应平坦、结实、无碎石和浮土,地面不宜过硬过滑,以减少震动和防止跌倒时摔伤。泥质场地应以胶土铺面,并经常平整、洒水、滚压;水泥、沥青场地应经常清扫表面的尘土、沙石。篮球架、排球架的支柱都应用软物包裹。各类球场,边线外 2.5 米内不应有任何障碍物,如观众席、立柱、树桩等,以免发生伤害事故。一般来说,儿童不宜使用硬质地面的球场。

(4)游泳池(场)。游泳池一般应设立更衣室、厕所、准备活动室、淋浴室、涉水池等附属设施。游泳馆应有良好的采暖设施,以保持室温略高于水温,一般室温应保持在26~28℃。游泳馆还应有完善的通风、照明设备。

游泳池的使用,应建立严格的卫生制度和安全管理制度。为保持池水清洁,泳者入池前必须淋浴,经涉水池后方能入池,鞋子不得穿入池边;不得将痰等污物注入水中。为了安全,游泳池应有专门的救生员和医疗救护人员;学龄前儿童在成人带领下方可入池;池内浅水区严禁跳水;池内不得追逐打闹;每次入池人数应有严格限制等。

在选择天然游泳场时,首先要注意水源的卫生情况,沼泽、死水塘一般不宜作为游泳场。河水作为游泳场时,应调查其上游是否有化工厂、污水排水道等污染源。天然泳场的水底以沙土为好,有污泥、洼坑、树根或尖石的水域,不宜开辟游泳场。此外,天然游泳场的水不宜太深、太浅和太急,水流速度应低于每秒0.5米。海滨浴场除了考虑上述因素外,应选择在风浪较小的港湾、无漩涡的地区。在初步选定天然泳场后,要对水质进行化验检查,确认无污染后,方可确定场址。

游泳池跳水区的水深一般不得浅于3米,如设有高台,则水深应达到台高的一半深度,即跳台高10米,水深就应为5米。

（四）与运动环境有关的疾病

1.心绞痛

表现:心绞痛经常表现在腿和腹部的疼痛和抽筋现象。

原因:经常在冷的地方锻炼,喝冷饮料,不做伸展运动和按摩。

预防:注意选择良好的锻炼环境,准备活动要充分,在室内有空调的健身房锻炼。

处理:按摩、喝盐水会使病情缓解,还可以休息,让练习者在良好的环境中锻炼。

2.冻疮、冻伤

表现:皮肤出现微黄色,对痛觉冷淡。

原因:皮肤长时间处在低温或冷空气下。

处理:急救方法为使用温水,不用按摩,否则会产生更大的创伤,严重时须看医生。

3.低体温症

表现:身体的温度低于正常的体温,危及健康,症状如同中暑,头晕、没胃口。

原因:低温下活动、身体健康不好等。

预防:不要长时间暴露在冷环境下。

处理:出现低体温症要马上打急救电话。

4.轻度中暑

特征:虚冷、多汗、脸色苍白、头痛、恶心、精疲力尽等。

原因:环境太闷热。

处理:移到阴凉的地方,松开衣服,喝水等。

5.中暑

表现:人不能正常工作,皮肤热、干、红变化显著,脉搏弱,呼吸浅。

原因:环境太闷热。

处理:①有知觉:适量喝水,宽衣,如呕吐不要喂流质食物,打电话送医院等。②失去知觉:打电话呼救,让患者侧躺,观察呼吸,冰块放在腕、踝、腋、颈脉处,不要按摩,情况严重须叫急救电话。

四、健康与住宅

人类健康居住环境的问题越来越受到全世界居住者和舆论的关注。长期以来,人类不当的城市建设行为使人口过于集中、城市建筑出现高层化倾向,而过分的人造环境造成土地失水性严重,热岛现象衍生,城市作为人类居住生活的功能区在很大程度上被削弱,居住条件恶化,环境受到污染。因此,让城市朝着人们健康的目标发展是当今社会的责任。

20世纪70—80年代,世界上爆发两次石油危机,环境受到破坏,引发了人们对节能和环保的重视。1972年联合国在斯德哥尔摩召开大会,号召人们对环境污染给予高度的重视,指出人们在发展经济的同时牺牲了健康,引发了许多疾病。1981年世界建筑师大会提出了建筑物的不当处置对人的负面影响,会议发表《华沙宣言》,号召建筑学进入环境健康学业的时代。1981年《蒙特利尔公约》针对地球保护层——臭氧层的破坏影响到人类的生存问题,开展了全球性的健康问题讨论。1990年后,地球环境快速破坏,地球气候异常。1992年《里约宣言》提出21世纪"Agenda 21"议题。2000年在荷兰举行的"SB2000"可持续发展大会和健康建筑研讨会,提出了全球共同开创未来地球可持续发展和健康舒适居住的时代。

从1987年到现在，世界各国大体上经历了三个发展阶段，即节能环保、生态绿化和舒适健康。各国从最先面临的节省能源出发，逐渐了解了地球环境与人类的生存息息相关，转而为生态绿化，最后回归到人类生活基本条件舒适健康。世界卫生组织将健康住宅定义为："能够使居住者在身体上、精神上、社会上完全处于良好状态的住宅。"具体地说，健康住宅的最低标准为：

(1)会引起过敏症的化学物质的浓度很低。

(2)为满足第一点的要求，尽可能不使用有毒的建设装饰材料装修房屋，如含高挥发性有机物、甲醛、放射性的材料，尽可能不使用含易散化学特质的胶合板、整体装饰材料等。

(3)设有换气性能良好的换气设备，能将室内污染物质排至室外，特别是对高气密性、高隔热性来说，必须采用具有通风管的中央换气系统，进行定时换气。

(4)有厨房灶具或吸烟处要设局部排气设备。

(5)起居室、卧室、厨房、厕所、走廊、浴室等全年保持在17~27℃。

(6)室内的温度全年保持在40~70℃。

(7)室内的CO_2浓度要低于1000 ppm。

(8)室内的悬浮粉尘浓度要低于0.15 mg/m^2。

(9)噪声级要小于50 dB。

(10)一天的日照确保在3小时以上。

(11)设足够亮度的照明设备。

(12)住宅具有足够的抗自然灾害的能力。

(13)具有足够的人均建筑面积，并确保私密性。

(14)住宅要便于护理老人和残疾人。

(15)因建筑材料中含有挥发性有机物质，所以住宅竣工后要隔一段时间才能入住，在此期间要进行换气。

健康住宅除以上具体要求之外，我国的健康住宅还强调了"健康环境的保障"这一因素，为的是提供一个健康环境，使居民有健康的保障；提供一种帮助，使居民有健康的促进和追求。主要包括：

(1)社区康体设施：设置健身活动场地和设施，保障户外活动条件。

(2)医疗保健制度：建立健康档案，设置医疗保健设施，实施家政医疗服务。

(3)社区老人设施：注重老人居住条件，建立特种人群服务制度。

(4)推动健康行动:引导健康生活意识,培养健康生活风气,建立健康行为准则。

健康住宅既然强调了以人为本,就应在建设计划的实施与住宅管理中始终贯穿健康行动。在建设健康住宅的同时,积极推动我国的全民健身运动,以增进国民体质为基本目的,开展住宅健康行为和规范社区健身活动,树立健康生活概念,培养和引导国民健康生活意识。

第三章　运动环境卫生与营养卫生

环境是以人类为中心的所有客观外界条件，是与人类生活和生产活动密切相关的各类因子组成的结果。人体与环境是相互作用的，任何生命体都需要不断通过周围环境进行物质和能量交换来维持生命。因此，通过研究人体与环境之间相互作用的规律，运用科学的知识和方法利用环境、改造环境、保护环境，从而消除、避免或控制某些有害环境因素对人体的影响，具有重要的意义。

第一节　环境与健康

人类与其生存的外界环境（社会环境和自然环境）之间始终保持着动态平衡，即人类通过调节自身以适应外界环境的不断变化。与此同时，人类也通过改造外界环境来满足自己生活的需要。

一、自然环境

自然环境是影响人类健康的主要因素，包括生物因素、化学因素和物理因素。

生物因素是指地球上各种生物间存在的相互依存而又相互制约的因素。如绿色植物通过光合作用，从空气、水、土壤中汲取营养物质组成自身成分并贮存能量，动物和人类则通过绿色植物获得能量。这实现了生物之间各种化学元素从无机世界到有机世界，又从有机世界到无机世界的无限循环。

人类除直接与空气、水、土壤等密切相关外，还通过各种生物与这些环境因素保持密切联系。环境可以通过各种生物间接地影响人类，某些生物成为人类疾病的致病因素或传播媒介，还有某些可产生毒素的生物通过某种方式与人类接触而造成危害，如毒蛇咬伤、误食毒菌等。

化学因素是指地球上的空气、水、土壤等相对稳定的化学组成，是保证人类正常生活的必要条件。人为或自然灾害等原因,可使空气、水、土壤及食物的化学组成发生异常变化。如工业废气中的二氧化硫可使空气中的二氧化硫浓度升高,含汞的工业废物污染水源,洪水、地震、风暴、火山爆发等自然灾害也可使局部地区的空气、水、土壤的化学组成发生变化而直接或间接地影响人类的生活与健康。

物理因素是指与人类生活和健康密切相关的周围环境的温度、湿度、气流、气压、噪声、水温、水流、水压等的变化以及阳光辐射和天然放射性元素射线等因素。随着工业生产的发展,某些环境因素可因污染而发生异常改变,如废气和废水中的化学物质、微波辐射、激光辐射、噪声、振动等均可影响人类的生活与健康。

二、保护环境与绿化

生产的发展、自然资源的开发和利用,常常引起生态破坏、环境污染,严重影响着人类的生活与健康。为维护和改善人类生活的环境,各级政府制定了许多法律法规,规定防护环境卫生的措施,重点要做好工业"三废"的治理工作、农业污染和生活污染的预防和整治工作,大规模地进行退耕还林、植树造林,创造一个有利于身心健康的优美环境。绿色植物有以下几个重要作用。

(一)植物可以吸收和净化空气

绿色植物在进行光合作用时吸收二氧化碳并释放出氧气。植物的光合作用释放出的氧比其呼吸作用消耗的氧高出 20 倍左右,大大地补充了大气的氧含量。

(二)植物可以吸收大气中的有毒气体

植物对有毒气体的吸收量与植物表面的粗糙度成正比,吸收速度与其相对湿度成正比。例如,氟化氢是一种无色、有臭味的剧毒气体,它是玻璃、陶瓷、钢铁、磷肥生产过程中产生的,对人体的危害比二氧化硫高 20 倍,而西红柿、扁豆、橘子叶、女贞、洋槐等都能吸收氟化氢。

(三)植物有过滤空气和吸附粉尘的能力

植物叶面叶脉交错、茸毛密布,有的植物还会分泌油脂,这些特性均有阻挡、吸附和黏着粉尘的作用。在选择树种时,可根据环境特点、种植方式和面积科学地选择,以便更好地发挥其过滤和吸尘作用。

植物分泌的杀菌素还具有杀菌作用。如洋葱、大蒜汁能杀死葡萄球菌、链球菌及其他细菌，松树可杀灭白喉状杆菌、结核分枝杆菌、伤寒杆菌、志贺菌等。植物还对放射性物质起净化作用，能隔音防噪声。

植物还有减少水土流失，调节温度、湿度和防止热辐射的作用，故绿化环境是净化环境、提高人类生活质量的重要措施。

第二节　运动建筑设备的要求

一、运动建筑设备的一般要求

运动建筑设备的一般要求，包括运动场馆修建时位置的选择、坐落方向、采光与照明、通风、采暖与降温。

位置的选择要合理，注意避开环境污染区，要交通方便，利于群众进行体育活动，便于绿化，靠近水源。

室外运动场的方位最好是长轴与子午线平行（正南北方向）或长轴与主导风向垂直。室内场馆自然采光时，最好坐北朝南；若采用人工照明，则一般不考虑其坐落方向。

采光与照明可分为自然采光和人工照明。自然采光是指白天利用窗户射入室内的自然光线，其评定指标为采光系数和自然照度系数。采光系数即窗户面积与室内地面面积的比例，其标准是1∶5~1∶3。自然照度系数指在散射光线条件下，室内照度与室外照度的百分比（用照度计测量），系数越大，光线越好。人工照明是指利用电灯照明。人工照明的要求是光线必须充足，室内照度系数不能小于50 lx，且光线均匀、不闪烁、不炫目刺眼、不产生浓影、不污染空气、不显著提高温度。放射光谱最好接近日光谱。

运动建筑物必须有良好的通风设施，以排出室内污浊的空气，保持室内空气卫生。可采用门、窗、通风孔或风扇、空调等。

建筑物的采暖、降温设备应尽量保证室内有适宜的气温（23~25℃），并保证室内各处室温相对均匀、稳定（温差不超过2~2.5℃）。我国地域广阔，自然气候差异很大，采暖与降温的方法尽量适应当地的自然条件。

二、室外运动场地与设备的要求

（一）田径场

田径场的跑道应平整结实、富有弹性、无浮土，晴天需要保持一定的湿度，雨天还应便于雨水的排放，防止积水。应有 100 米以上的直线跑道。跳跃场地的助跑道要求与跑道相同，并且其方向要避开阳光的垂直照射。踏跳板应与地面平齐，沙坑的边缘宜为木质材料制作成，并与地面平齐，坑内应填 3 份锯末与 7 份干净沙子构成的混合物，使用前应掘松、耙平。

跳高或撑竿跳高的沙坑内放置较厚的、高出地面的锯木屑或海绵包。投掷区必须与其他运动场地分开，在一个投掷区内不允许同时进行几种投掷运动，不允许同时面对面投掷。铁饼和链球场地应设置护笼，以确保安全。

室外单双杠、高低杠、爬杆、吊环等固定器械要经常检查有无螺丝锈蚀、松动或断裂，发现问题要及时修理。

（二）球场

球类场地中，篮球、排球场地应平坦结实，无碎石、浮土，不滑，地面软硬适宜（水泥场地地面硬度较大，三合土地面硬度较合适）。足球场最好有草皮（或人工草皮）。在干燥的季节，在上课、训练或比赛前半小时，应洒一次水，以免尘土飞扬。球场四周 2~2.5 米范围内不应设置任何障碍物，如观众座椅、立柱或树木等，以免撞伤。

（三）游泳池

游泳池最重要的要求是池水清洁，因为池水直接与人的皮肤、眼睛、口和鼻腔接触。如果水质不符合卫生要求，就可能引起眼结膜炎、肠道病、真菌病的传播和流行。因此，每天都应对水质进行检查和化验，水质必须符合规定的标准。其标准为：pH 值为 7.2~8，余氯含量为 0.2~0.5 mg/ml，细菌数每毫升不超过 1000 个，大肠埃希菌每毫升不超过 3 个。游泳池应设有深水区和浅水区，池底倾斜度不宜太大。池边设置、果皮箱及淋浴室，入池以前必须先淋浴，以减少池水污染。入池游泳者应穿深色游泳衣裤。

选择游泳场要注意水源必须清洁，不为工业废水或生活污水所污染。水源应是流动的，应注意水底是否有污泥洼坑、水草树根、尖石和旋涡等。海滨游泳场还应圈出安全区，设置安全防护网，以防鲨鱼袭击等。水底最好是沙底或卵石底，水深在 1~1.8 米，水流速度以不超过 0.5 m/s 为宜。

游泳者必须有当年健康合格证，患有病毒性肝炎、肺结核、肠道传染病、心脏病、眼结膜炎、皮肤病、严重沙眼、中耳炎、癫痫、梅毒者及精神病患者等，不得入池游泳。

游泳池必须建立严格的卫生安全管理度，配备经过培训的具有游泳专业技术和救护知识的人员和卫生工作人员，以对游泳者进行游泳救护和管理。

三、室内运动建筑设备的要求

（一）体操馆

体操馆的使用面积，平均每人不得少于 4 平方米。室内的光线必须充足，采光系数应为 1∶5~1∶3（采光系数＝窗户面积/室内地面面积），人工照明度不得低于 50 lx，以 200 lx 为宜。光线要均匀，不闪烁、不炫目、不产生重影、不污染空气、不显著提高温度。通风良好，地面最好安装木质地板，要求平坦坚固，没有裂缝，周围墙壁应齐平，不能有突出的部分或雕刻装饰。馆内应保持清洁，器械和垫子表面不能有灰尘，每天清扫一次，最好用吸尘器或湿布清扫，以防止滑石粉和其他灰尘飞扬。进馆必须穿软底鞋。

馆内器械配制必须符合年龄特征、性别特征和技术规格要求。布置要合理，项目之间有一定距离，互不干扰。安装要牢固，经常检查并及时维修，助跑道表面及弹跳板上应覆盖有防滑胶皮，器械应安放一定厚度的垫子，垫子软硬适度，表面平坦而不滑。两块垫子之间不能留有间隙，以防发生外伤事故。

（二）球类馆

球类馆内光线必须明亮、均匀、无阴影。自然采光系数不低于 1∶5~1∶3，若需夜间活动，人工照明要求有 50~200 lx 的照度。室内灯光距离地面的高度，篮球馆不低于 7.5 米，排球馆不低于 8.5 米。灯光安装要科学合理，灯具发光要柔和，既有亮度又耐用，因在室内进行剧烈活动易使空气受到污染，故必须有良好的通风设备，经常通风换气，保持馆内空气新鲜。馆内地面必须平整结实、软硬适宜，并保持一定的温度，没有浮土，最好安装木制地板。球场至墙壁的距离不得少于 2 米。馆内须放置痰盂，进馆者不准吸烟，严禁随地吐痰、乱扔瓜果皮等。

(三)旱冰场地

旱冰是一种技巧性和趣味性极高的健身运动，在全国各地均有开展。

旱冰场地应保持平滑、清洁，不能有裂痕及碎石子、杂物等，周围应有护栏，室内应有良好的通风设备。

旱冰场地人数不宜过多，应按逆时针方向滑行。鞋子滑轮应灵活、牢固，应经常检修，以免发生损伤。

第三节　营养素

一、营养素的概念和作用

生命的存在、有机体的生长发育、生命活动及各种脑力劳动和体力劳动，都依赖体内的物质代谢，因此必须不断地从外界摄取一定数量的新物质，主要是从食物中摄取。

营养是人体赖以生存的物质基础，对人体各方面都具有重要作用。营养促进生长发育，提高身体功能、工作效率、运动能力，增进健康，增强免疫力，预防疾病，延长寿命。

食物中能在体内被消化、供给热能、构成机体组织、调节生理功能，为机体进行正常物质代谢所必需的物质，称为营养素。

二、营养素的分类

人体必需的营养素有几十种，按其化学组成和生理作用可分为蛋白质、脂肪、糖类、维生素、矿物质、水以及纤维素七大类。

（一）蛋白质

1.氨基酸的分类

蛋白质的基本结构是氨基酸。氨基酸分为非必需氨基酸和必需氨基酸两大类。非必需氨基酸在体内可以合成,而不需要由体外的食物蛋白质供给;必需氨基酸不能在体内合成,必须由体外的食物蛋白质直接供给。

2.蛋白质的营养作用

蛋白质的营养作用是构成机体组织,调节生理功能,供给热能(人体每天所需要的热能有 10%~14%来自蛋白质)。

3.食物蛋白质营养价值的评定

在衡量食物蛋白质的营养价值时,可按蛋白质的含量、蛋白质的消化率、蛋白质的利用率等方面来评定。

4.蛋白质的来源

含蛋白质较多的食物有:肉类、鱼类,其蛋白质含量一般为 10%~30%;奶类为 3%~3.8%;蛋类为 11%~14%;豆类为 20%~49.8%;坚果类为 15%~26%;谷类为 6%~10%;薯类为 2%~3%。

（二）脂肪

1.概述

广义的脂肪包括中性脂肪和类脂质,狭义的脂肪仅指中性脂肪。脂肪由 C、H、O 三种元素组成。中性脂肪是由 1 分子甘油和 3 分子脂肪酸构成的酯,又称甘油三酯,规范名称为三酰甘油。类脂质包括胆固醇、磷脂等。

脂肪的基本单位是脂肪酸。脂肪酸分为饱和脂肪酸和不饱和脂肪酸两类。在多种不饱和脂肪酸中,有几种是体内不能合成的,必须由食物供给,称为必需脂肪酸,含有必需脂肪酸的油脂,营养价值较高。各种植物油、深海鱼油一般含不饱和脂肪酸较多,因而营养价值较高。

2.营养作用

营养作用是供给热能,构成身体组织,促进脂溶性维生素的吸收和利用,供给必需脂肪酸,增加食物的美味和饱腹感。

3.营养价值评定

食用脂肪的营养价值主要取决于脂肪消化率(凡熔点高于人体温的脂肪就较难乳化和消化吸收,反之则容易消化吸收,植物油的消化率高于动物油)、脂肪酸的组成和含量(植物油是必需脂肪酸的主要来源,动物油含饱和脂肪酸较多,它与胆固醇结合形成酯,容易在动脉内膜沉积,形成粥样硬化斑块,从这个意义上讲,植物油的营养价值优于动物油)。

4.供给量及来源

脂肪的供给量受饮食习惯、季节和气候的影响,故变动范围较大。另外,就脂肪在体内供能而言,亦可由糖类来供给。脂肪可供给必需脂肪酸以及促进脂溶性维生素吸收,人体所需要的量并不太多,一般每天有50克脂肪即能满足需要。

脂肪过多的危害:动物性脂肪过多,易得高血压、心脏病等;运动员脂肪过多,耗氧增多,影响运动,血中胆固醇含量增高,不利于肠胃吸收。

脂肪过少的危害:正常人中,男性脂肪占体重的18%,女性为28%。脂肪过少的人消瘦,易疲劳,怕寒冷,皮肤粗糙。

脂肪酸广泛分布于各种食物中,动物性脂肪来自肉类、鱼肝油、骨髓和蛋黄等,植物性脂肪来自菜籽、芝麻、豆类、花生和坚果等。

(三)糖类

1.概述

糖类由C、H、O三种元素组成,其中H、O两种元素的比例为2∶1,看起来像是由C元素和H_2O构成,所以糖类又被称为碳水化合物。其按分子结构分为单糖、双糖、多糖。单糖消化吸收快,多糖消化吸收慢。

食物中的糖类主要是淀粉。淀粉是多糖,被分解为葡萄糖后,以主动运输的方式吸收入血。在机体的糖代谢中,葡萄糖居主要地位。糖的多聚体——糖原是糖在体内的储存形式,储存在肝脏和肌肉中,分别称为肝糖原和肌糖原。血液中运输的也是葡萄糖,称为血糖。

2.营养作用

营养作用是供给热能,构成机体和骨,保肝解毒,维持中枢神经系统的正常功能，节约蛋白质等。

3.供给量和来源

中国人膳食中糖类占一天总热量供给的60%～70%，通常成人每天每千克体重需4~6克，运动员要多1倍。

体内糖储备量较少，约500克，因此必须从每天的食物中摄取。如果供给不足，会造成肌肉无力，神经系统反应迟钝；如果供给过量，会造成需水量多，增加心脏负担，加大血液黏滞性，血钾下降，恶心呕吐。

糖类是自然界中最丰富的物质之一，广泛地分布于几乎所有的生物体内，其中以植物中含量最多，为85%～95%。

（四）维生素

维生素的种类很多，按其溶解性可分为脂溶性维生素和水溶性维生素两大类。脂溶性维生素不溶于水，易溶于脂类，包括维生素A、维生素D、维生素E、维生素K等，含脂溶性维生素的食物在加工时应多放一点油；水溶性维生素包括B族维生素、维生素C、维生素PP等，含这类维生素的食物不宜加工过度，否则其水溶性维生素容易被破坏。（表3-1）

（五）矿物质

矿物质也称无机盐。人体组织中几乎含有自然界存在的各种元素。各种矿物质总量约占体重的5%。这些物质在人体内相对稳定，并起着十分重要的作用。

其特点是不能在体内合成，也不会在代谢中消失。矿物质分为常量元素和微量元素。在体内含量大于0.01%（100 mg/kg体重）的矿物质称为常量元素，如钙、磷、钠、钾、镁、氯和硫。在体内含量小于0.005%的，称为微量元素，如铁、铜、锌、氟、锰等。

（六）水

水在人体内含量最多，占成年人体重的60%左右，是维持人体正常生理活动的重要物质。人体与外界环境交换的物质中，以水为最多。人体若丢失水分超过体重的30%以上，生命活动将无法维持。

水的生理作用：①细胞和体液的重要成分；②参与维持体温的恒定；③润滑剂，

维持器官的形态和功能。

正常成年人每天需水 2000~2500 毫升,10~14 岁的青少年每天每千克体重需水 50~80 毫升。一般情况下,水的出入量应保持平衡。

表 3-1　维生素功能对照表

症状	缺乏的维生素
眼睛干涩	维生素 A
口臭	维生素 B_6、锌
牙齿不坚固	维生素 A、钙、铁
唇干燥、脱皮	维生素 A、维生素 B_2
贫血、手脚发凉	维生素 B_6、铁、叶酸
易疲劳、精力差	维生素 B_1、维生素 B_2、维生素 B_6
脱发过多、头皮屑过多	维生素 A、维生素 B_6、锌、钙
头发枯黄、分叉	维生素 E、铁
黑眼圈	维生素 A、维生素 C、维生素 E
色斑、黄褐斑	维生素 C、维生素 E、叶酸
皱纹出现早、多	维生素 A、维生素 C、维生素 E、硒
皮肤无弹性、无光泽	维生素 B_1、维生素 B_2
皮肤干燥、粗糙、毛孔粗大	维生素 A、维生素 B_6、锌
视力差,眼睛怕光、干涩	维生素 A、维生素 B_1,维生素 B_2,硒
虚汗、盗汗	维生素 D、钙、铁
舌紫红、嘴角烂	维生素 B_3、维生素 B_6

(七)纤维素

纤维素是人类健康必不可缺的营养要素,被现代医学称为“第七营养素”。膳食纤维是食物中不被人体胃肠消化酶所分解的不可消化成分的总称,包括不能被人体消化的多糖类物质,如纤维素、半纤维素、木质素、胶质等。

纤维素的作用:①增加排泄物的体积,缩短食物在肠内的停留时间,减少人们患结肠癌的危险;②降低血胆固醇含量,减少高血压、动脉粥样硬化的发生;③减少胆石症的发生；④膳食纤维可产生饱腹感，避免摄入过多的脂肪、糖类，防止肥胖；⑤避免食物中的多糖迅速转化为单糖并极为迅速地进入血液，导致血糖骤然升高，预防糖尿病。

我国营养专家分析，成人平均每天需补充膳食纤维 10 克，儿童每天摄入 6~8 克膳食纤维为宜。

三、各种营养素之间的关系

人体每天从食物中摄取的各种营养素在体内必须互相配合才能发挥作用。例如，脂肪、糖类和蛋白质的代谢过程需要维生素和矿物质（包括微量元素）的参与。营养素之间互相影响的方式是多种多样的。

（一）宏量营养素之间的关系

蛋白质、脂肪和糖类除了各自有其独特的生理功能之外，都是产生能量的营养素，在能量代谢中既互相配合又互相制约。

脂肪必须有糖类的存在才能彻底氧化，否则会因为产生酮体导致酸中毒。糖类和脂肪在体内可以互相转化，而蛋白质是不能由脂肪或糖类替代的，但充裕的脂肪和糖类供给可避免蛋白质被当作能量原料而被消耗。因此，在膳食中必须合理搭配宏量营养素，保持三者平衡，才能使能量供给处于最佳状态。

（二）矿物质之间及与其他营养素之间的关系

矿物质（包括微量元素）之间及其与其他营养素之间的关系错综复杂，十分微妙，在特定条件下既有协调关系又有制约关系，甚至还有拮抗关系。

钙和碘共同构成牙齿和骨骼，但钙碘比必须适当。如果碘过多，会妨碍钙的吸收。血液内镁、钾、钠等离子的浓度必须保持适当比例才能维持神经和肌肉的正常兴奋性。膳食钙过高妨碍铁和锌的吸收，锌摄入过多又会抑制铁的利用。硒对氟有拮抗作用，大剂量硒可降低氟骨症患者骨中的氟含量。

硒和维生素互相配合可抑制脂质过氧化物的产生。蛋白质对微量元素在体内的运输有很大作用。铜的运输靠铜蓝蛋白，铁的运输靠运铁蛋白。锌与蛋白质合成，缺乏锌影响儿童的生长发育。碘是甲状腺素的成分，而甲状腺素是调节人体能量代谢的重要激素，对蛋白质、脂肪、糖类的代谢有促进作用。

第四节 合理营养

营养与体育运动都是维持和促进人体健康的重要因素。营养素是构成机体组织的物质基础,体育运动可以增强机体活动的功能,二者科学地配合,可以更有效地促进身体的生长发育和提高健康水平。

合理营养是保障人体正常发育、增进健康、防治疾病和延年益寿的重要外界因素。英国营养学家莱纳斯·波林斯曾断言:"合理营养可使人的寿命延长20年。"合理营养对提高运动能力、创造优异成绩和消除运动性疲劳有积极的作用。

一、合理营养的概念

合理营养是指对人体提供符合卫生要求的平衡膳食,使膳食的质和量能适应人体一切活动的需要。平衡膳食由多种食物构成,以提供足够的热能和各种营养素,满足人体正常生理的需要,而且还保持各种营养素之间的平衡,以利于消化、吸收、互相利用。

平衡膳食应包括七大类食物,即谷类、食用脂肪类、肉类、根茎薯类、牛奶和奶制品类、水果类和蔬菜类。而各类食物的数量及质量,应该根据气候、季节的变化和人们的性别、年龄、生理状态、职业、环境进行调配,同时注意食物多样化及某些容易缺乏的营养素的补给,以满足机体对营养素的需要。这样才能保障身体健康,延缓衰老,增强免疫力,提高工作、学习效率,促进下一代茁壮成长,增强民族身体素质。

由此可见,合理营养,注意膳食调配,重视科学配餐,不仅是个人、家庭的生活问题,也是提高我国各民族身心健康、社会生产水平,促进社会主义经济建设的重大社会问题。

二、合理营养的保健作用

合理营养对人体有十分重要的保健作用。讲究饮食调理、提倡养生食疗是养生中十分重要的内容,自古以来就为人们所重视。

随着营养学的发展，合理营养对人体的保健作用已引起人们的重视。随着现代科学技术和工业的发展，可以通过人工合成或由天然植物中提纯、浓缩取得某些营养素，通过食物营养的强化来提高食物的营养价值。近几年来，我国的食品结构正酝酿着一场重大的变革，从侧重于食品的营养功能和味觉要求，转向重视食品的保健作用及保健食品饮料的开发生产。

第四章　健康测量与评价

大学生既要有健康的身体，又要有健康的心理。人的身体健康与心理健康是相互影响的，身体健康是心理健康的基础，心理健康有助于身体健康。

为了有助于大学生设置合理的身体锻炼目标，更科学地进行锻炼，使身心更健康，本章主要介绍有关身心健康的测试方法和评价标准。

第一节　身体健康的测量与评价

身体健康是衡量人体是否健康最重要的环节之一，老一辈革命家有“身体是革命的本钱”的说法。随着时代的不断发展，人们越来越认识到身体健康的重要性。然而，怎样来衡量身体是否健康，用什么来评定身体是否健康，成为我们需要解决的问题。

一、心肺耐力的测量与评价

心肺耐力也叫循环呼吸耐力、心血管耐力、有氧代谢能力、有氧代谢体质，是指循环和呼吸系统高效率地适应运动和从运动中恢复的能力。心肺适应水平越高，精力就越充沛，不仅能完成更多的工作，而且不容易疲劳。另外，心肺适应水平越高者，睡眠质量越好。以下为心肺耐力的几种测试方法及其评价标准。

（一）肺活量指数

肺活量是人体肺脏功能的指标之一，也是人体呼吸运动能力测试方法之一。它是指人体尽全力深吸气后，再尽全力呼出的气体总量，即一次深呼吸的气量。其数值与性别、年龄、身高、体重、肺组织发育程度、锻炼水平及运动项目等多种因素有关。青少年经常进行中等强度的有氧运动，可以促进胸廓及呼吸肌的运动，有利于改善呼吸肌和呼吸动作的协调性，有利于提高肺活量。胸廓发达，呼吸力度增加，有利于回心血量的增加，对心脏的发育及提高心肺功能有重要作用。

在同年龄同性别的被试者中，影响测试结果最显著的因素是体重。所以，在实际测量中，应采用肺活量指数进行评价。

1.测试方法

（1）通过键盘或非接触卡输入受试者编号。

（2）将一次性、干燥卫生的吹嘴插入测试吹管。

（3）受试者应保持测试传感器在吹管上方的正确把握姿势。

（4）受试者按照上述动作要领准备好后，测试人员按“确认”键。

（5）测试者深呼吸后开始匀速吹气。测试成绩显示在屏幕上，语音提示测试结果。

（6）第一次测试完毕后，主机系统会语音提示进行第二次测试，液晶显示器的左上角显示“2”。此时，测试者按照第一次测试的动作要领进行吹气。

（7）测试仪自动计出两次测试的最大值，语音提示测试结果，并将两次测试的最大值存储在主机中，同时通过无线网络送到计算机，测试完毕。

2.注意事项

（1）测试者最好每人使用一个吹嘴。没有充足的吹嘴时，应对吹嘴消毒后再使用。

（2）测试者应将吹嘴插牢，防止漏气，造成测量不准确。

（3）测试者吹气时应注意嘴部与吹嘴之间紧密接触，以防止漏气，造成测量不准确。

（4）测试者吹气时要保持匀速，用力适中，中途不得停顿。

（5）肺活量传感器手柄应轻拿轻放，吹气管拆卸时不要用力过猛以防止传感器遭受外力破坏。

（6）吹气管冲洗后应彻底晾干，方可安装使用。安装时要对好传感器与吹气管相应的接口，轻轻地按入，不得强行用力。

根据以下公式推算出肺活量指数：

$$肺活量指数 = \frac{肺活量}{体重(千克)}$$

评价标准见表 4-1。

表 4-1 大学生肺活量指数评价标准

项目＼等级		优秀		良好		及格		不及格
		成绩	成绩	成绩	成绩	成绩	成绩	成绩
肺活量指数	男	75 以上	74~70	69~64	63~57	56~54	53~44	43 以下
	女	61 以上	60~57	56~51	50~46	45~42	41~32	31 以下
分值		15	13	12	11	10	9	8

(二)台阶试验

以一定频率,上下一定高度的平台并持续一定的时间,根据登台结束后恢复期脉变化评定心脏功能,称为台阶试验。最早的台阶试验是由美国哈佛大学学生研究设计的,称为哈佛台阶试验,以后又有不少改良和发展。

1.测试方法

(1)通过键盘或非接触卡输入受试者编号。

(2)受试者在测试开始前可做轻微的准备活动,主要是活动下肢。

(3)测试人员目测受试者按照上述动作要领准备好后,按"确认"键。

(4)受试者按照 2 秒上下一次台阶的音乐节奏上下踏台。上下踏台的持续时间为 3 分钟。

(5)上下台阶的运动停止后,受试者应在 30 秒内,用指脉测试夹把手指夹好。脉搏测试的时间为 3 分半钟。

(6)测试成绩显示在屏幕上,语音提示测试结果。

2.注意事项

(1)有心脏病史的学生不能进行这项测试。

(2)进行脉搏测试的指脉夹最多可以连接 12 个,每个指脉夹上部有编号:12 个指脉夹分为两组,每组通过一个集线器与主机连接。每个受试者输入的编号应与所使用的指脉夹号一一对应。

(3)上下一次台阶的频率为每分钟 30 次,音乐的节奏为每分钟 120 次,每次 4 拍。

(4)进行脉搏测试时,要求受试者静坐,将手指平放在桌子上,手指尽可能与心脏同高。受试者站立、手指振动可能会影响测试结果。

(5)如果受试者不能坚持3分钟上下踏台的运动,可以在中途停止运动。停止运动后,通过主机的键盘或非接触卡输入受试者的编号,按确认键,开始单独提前进行脉搏测试。此时,其他受试者的测试过程不受影响。

按下列公式推算出台阶指数,指数越大,表示机能越好。

$$台阶指数=\frac{登台持续时间(秒)\times 100}{2\times 三次脉搏之和}$$

评价标准见表4-2。

表4-2 大学生台阶指数评价标准

项目＼等级		优秀		良好		及格		不及格
		成绩	成绩	成绩	成绩	成绩	成绩	成绩
台阶指数	男	59以上	58~54	53~50	49~46	45~43	42~40	39以下
	女	56以上	55~52	51~48	47~44	43~42	41~25	25以下
分值		20	17	16	15	13	12	10

(三)1000米跑(男)、800米跑(女)

1000米跑(男)、800米跑(女)是用来评价学生的心肺功能和耐力水平。此项目既测试有氧耐力,也测试无氧耐力。由于耐力是衡量人的体质健康状况和劳动工作能力的基本因素之一,是从事各项运动必不可少的一种运动素质,因此测试耐力水平对评价学生体质健康状况有着非常重要的意义。

测试方法:受试者站立式起跑,听到“跑”的口令后开始起跑。计时员看到旗动开表计时,当受试者的躯干部到达终点线垂直面时停表,同时记录秒表所示成绩。(表4-3)

表4-3 大学生耐力评价标准

项目＼等级	优秀		良好		及格		不及格
	成绩	成绩	成绩	成绩	成绩	成绩	成绩
1000米(男)	3分39秒以下	3分40秒~3分46秒	3分47秒~4分	4分1秒~4分18秒	4分19秒~4分29秒	4分30秒~5分4秒	5分5秒以上
800米(女)	3分37秒以下	3分38秒~3分45秒	3分46秒~4分	4分1秒~4分19秒	4分20秒~4分30秒	4分31秒~5分3秒	5分4秒以上
分值	20	17	16	15	13	12	10

二、肌肉力量、肌肉耐力的测量与评价

肌肉力量是指肌肉或肌肉群在一次尽最大的努力中产生力量的能力，它往往与肌肉耐力联系在一起，增加肌肉力量的同时也可以增加肌肉耐力。通常用一次重复最大量(1 RM)和握力体重指数来对肌肉力量大小进行评价。

(一)握力体重指数

握力体重指数除了反映被测者的力量素质外，还能间接反映一个人的健康状况，握力增长或维持在较高水平时，健康状况就好，握力下降时健康状况则不好。握力与体重的大小有关，因此，采用握力体重指数进行评分。

1.测试方法

(1)通过键盘或非接触卡输入受试者编号。

(2)受试者选择有力手握住手柄，转动握距调节钮，使食指第二关节屈成90°。

(3)测试人员目测受试者按照上述动作要领准备好后，按“确认”键。

(4)受试者两脚自然分开，成直立姿势，两臂自然下垂，快速全力发力。测试成绩显示在屏幕上，语音提示测试结果，主机提示进行第二次测试。

(5)受试者按上述要求再做一次。

(6)测试成绩显示在屏幕上，语音提示测试结果，主机将两次测试的最大结果通过无线网络送到计算机，测试完毕。

2.注意事项

(1)为了保证测试的准确性，要求测试者不能使握力计与身体的任何部位有接触。

(2)开机时，主机将进行5秒的倒计数，对主机和外设进行初始化。此时不要用手握握力计。

(3)仪器需注意防潮防水防暴晒，不得用有机溶液清洗机器的表面。

(4)测试前应对机器充电。如果长时间不用，最少3个月要对机器充电一次，以保证电池的正常使用。

(5)受试者动作应规范。

$$握力体重指数 = \frac{握力 \times 100}{体重}$$

评价标准见表4-4。

表4-4 大学生握力体重指数评价标准

项目＼等级		优秀		良好		及格		不及格
		成绩	成绩	成绩	成绩	成绩	成绩	成绩
握力体重指数	男	75以上	74~70	69~63	62~56	55~51	50~41	40以下
	女	57以上	56~52	51~46	45~40	39~36	35~29	28以下
分值		20	17	16	15	13	12	10

（二）仰卧起坐（女）

仰卧起坐是测试腹肌力量和耐力的一个项目。尤其是女性的腰腹肌力量对她们将来在生育等方面有着十分重要的作用。通过仰卧起坐的测试，促使她们在青少年时期积极地发展腰腹肌力量。

1.测试方法

（1）通过键盘或非接触卡输入受试者编号。

（2）受试者将测试带系于腹部，全身仰卧在垫子上，两脚稍分开，屈膝成90°，两手指交叉贴于脑后。另一同伴压住其踝关节，以便固定下肢。

（3）测试人员目测受试者按照上述动作要领准备好后，按“确认”键。受试者在听到“嘟”的一声后，开始仰卧起坐。

（4）动作应规范，坐起时，上身压超过90°为有效。成功的动作将会听到“嘟”的一声，主机给予计数。

（5）测试时间满1分钟时，计时停止。测试成绩显示在屏幕上，语音提示测试结果，测试完毕。

2.注意事项

（1）为了保证测试的舒适性，垫子应放置在平坦、干燥的地面上。

（2）禁止受试者穿鞋踩踏坐垫。

（3）受试者应穿常规运动鞋，勿穿硬底皮鞋、带钉运动鞋或高跟鞋进行测试。

(4)受试者动作应规范,否则机器不予计数。

评价标准见表4-5。

表4-5　大学生仰卧起坐评价标准(女)

等级 项目	优秀		良好		及格		不及格
	成绩	成绩	成绩	成绩	成绩	成绩	成绩
仰卧起坐(女)	44以上	43~41	40~35	34~28	27~24	23~20	19以下
分值	20	17	16	15	13	12	10

三、柔韧性的测量及评价

柔韧素质的好坏,取决于关节的解剖结构和关节周围软组织的体积大小及韧带、肌腱肌肉及皮肤的伸展性。柔韧素质与健康的关系极为密切,柔韧性的提高,对增强身体的协调能力,更好地发挥力量、速度等素质,提高技能和技术,防止运动创伤等都有积极的作用。当人们缺乏体育锻炼,体质下降时,很多都是从柔韧素质的下降开始的。“坐位体前屈”是用于反映人体柔韧性的测试项目的。

1.测试方法

(1)通过键盘或非接触卡输入受试者编号。

(2)要求受试者赤足,上体垂直坐于坐垫上,两脚伸直,脚跟并拢,脚尖分开10~15厘米,脚跟蹬在支座部位上,两手并拢,手臂伸直,指尖轻触手推板。

(3)测试人员目测受试者按照上述动作要领准备好后,按“确认”键。

(4)受试者渐渐使上体前屈,手指推动手推板向前移动,直至不能再向前移动。测试成绩显示在屏幕上,语音提示测试结果。

(5)第一次测试完毕后,系统语音提示进行第二次测试,此时,受试者重复上述步骤进行第二次测试。

(6)测试成绩显示在屏幕上,语音提示测试结果,并通过无线网络送到计算机,测试完毕。

2.注意事项

(1)垫子应放置在平坦、干燥的地面上。

(2)安装时需将脚踏板竖起,保证脚踏板与底板垂直;安装到位后要用手柄把支架固定好，避免在使用过程中位置改变。

（3）测试前受试者应做好腰部的准备活动，以免腰部受伤。

（4）禁止受试者两腿弯曲，禁止手臂猛然发力。

（5）禁止受试者穿鞋踩踏坐垫。

评价标准见表 4-6。

表 4-6　大学生坐位体前屈评价标准

等级 / 项目		优秀		良好		及格		不及格
		成绩	成绩	成绩	成绩	成绩	成绩	成绩
坐位体前屈厘米	男	18.1 以上	18.0～16.0	15.9～12.3	12.2～8.9	8.8～6.7	6.6～0.1	0.0 以下
	女	18.1 以上	18.0～16.2	16.1～13.0	12.9～9.0	8.9～7.8	7.7～3.0	2.9 以下
分值		20	17	16	15	13	12	10

四、部分运动体能测试及评价

（一）50 米跑

50 米跑是国际上通用的测试项目，通过较短距离的高强度跑测试速度素质。速度素质的测试可以反映人体中枢神经系统的机能状态和神经与肌肉的调节机能，也可以综合反映人体的爆发力、灵敏度、反应力、柔韧度等素质。

1.测试方法

（1）通过键盘或非接触卡按照受试者使用的对应跑道，输入受试者编号，4 个编号输入完成后，主机发出“各就各位”“预备”的命令。

（2）受试者站立在对应跑道的起跑线前，做好起跑准备。未听到起跑命令前，脚尖不得踩线、越线，不能抢跑。

（3）4 个跑道的受试者都准备好后，测试人员按“确认”键。主机发出起跑命令，受试者跑出起跑线。主机开始显示计时的秒数。

（4）4 名受试者都跑过终点后，测试成绩显示在屏幕上，语音提示测试结果，通过无线网络送到计算机，测试完毕。

2.注意事项

（1）测试前调整 50 米测试仪的 5 根外设杆，距离主机 50 米，在平坦、稳定的地面上，按顺序排好。外设摆放的顺序是：面向跑道、外设立杆的编号从左到右顺序为1，2，3，4，5；立杆底座上的丝印标志面向自己。立杆之间的距离为1.2～2米，5根外设杆要尽可能在一条直线上，否则接收杆收不到发射杆的信号，测试将无法进行。

（2）按下每根外设杆的电源开关，打开电源。然后打开50米主机的电源，主机开始检测与外设的通信。如果通信成功，显示屏的左下方应依次显示"1，2，3，4"，如果没有显示某一个外设的编号，该跑道将不能使用。可以按"取消"键，让主机再次检测。

（3）未在正常的时间内跑完50米，如小于5秒或大于13秒，主机均显示13秒，测试成绩为0分。

（4）4个跑道容许1～4人参与测试，没有人使用的跑道，测试成绩为0秒。

（5）受试者应穿常规运动鞋，勿穿硬底皮鞋、拖鞋或高跟鞋进行测试。

评价标准见表4-7。

表4-7 大学生50米跑评价标准

等级 项目		优秀		良好		及格		不及格
		成绩	成绩	成绩	成绩	成绩	成绩	成绩
50米跑	男	6.8以下	6.9～7.0	7.1～7.3	7.4～7.7	7.8～8.0	8.1～8.4	8.5以上
	女	8.3以下	8.4～8.7	8.8～9.1	9.2～9.6	9.7～9.8	9.9～11.0	11.1以上
分值		30	26	25	23	20	18	15

（二）立定跳远

立定跳远是测试爆发力的项目，同时也能测试学生身体协调能力的发展水平。爆发力要求在最短时间内发挥最大的力量，爆发力的大小不仅取决于力量，而且取决于力量和速度的结合。它在人们日常生活、劳动中有重要的意义和作用。

1.测试方法

（1）通过键盘或非接触卡输入受试者编号。

（2）要求受试者身着运动装，脚穿平底鞋站立在测试垫的起跳线前，做好起跳准备。两脚自然分开，脚尖不得踩线、越线。女生从近端的起跳线起跳，男生从远端的起跳线起跳。两条起跳线相差 90 厘米。

（3）测试人员目测受试者按照上述动作要领准备好后，按“确认”键。

（4）受试者从原地两脚同时起跳，不得有垫步和连跳动作。

（5）受试者落地后，应从正前方迈出测试垫，不得踏踩测试垫两边的测试杆。

（6）测试成绩显示在屏幕上，语音提示测试结果。

（7）受试者可以按上述要求测试两次，显示器显示最大值，语音提示测试结果，并将两次跳出的最远值存储在主机中，同时通过无线网络传到计算机，测试完毕。

2.注意事项

（1）为了保证测试的舒适性，垫子应放置在平坦、干燥的地面上。

（2）受试者应穿常规运动鞋，勿穿硬底皮鞋、带钉运动鞋或高跟鞋进行测试。

（3）受试者应将口袋内的物品取出，防止跳远时物品跌落，使受试者受伤或损坏物品。

（4）仪器需注意防潮防水防暴晒，不得用有机溶液清洗机器的表面。

（5）测试前应对机器充电。如果长时间不用，最少 3 个月要对机器充电一次，以保证电池的正常使用。

（6）受试者动作应规范，否则机器不予计数。

评价标准见表 4-8。

表 4-8　大学生立定跳远评价标准

等级 项目		优秀		良好		及格		不及格
		成绩	成绩	成绩	成绩	成绩	成绩	成绩
立定跳远 厘米	男	255 以上	254～250	249～239	238～227	226～220	219～195	194 以下
	女	196 以上	195～187	186～178	177～166	165～161	160～139	138 以下
分值		30	26	25	23	20	18	15

（三）掷实心球

1.测试目的

测试学生的上肢爆发力。

2.场地器材

长度在30米以上的平整场地一块,地质不限,在场地一端画一条直线作为起掷线。实心球若干,测试球重为2千克。

3.测试方法

测试时受试者站在起掷线后,两脚前后或左右开立,身体面对投掷方向,双手举球至头上方稍后仰,原地用力把球投掷向前方。如两脚前后开立投掷,当球出手的同时后脚可向前迈出一步,但不得踩线。每人投掷三次,记录其中成绩最好的一次。记录以米为单位,取一位小数。丈量起掷线后缘至球着地点后缘之间的垂直距离。为了准确丈量成绩,应由专人负责观察实心球的着地点。

(四)握力

1.测试目的

测试学生上肢肌肉力量的发展水平。

2.场地器材

电子握力计或弹簧式握力计。

3.测试方法

受试者两脚自然分开成直立姿势,两臂自然下垂。一手持握力计全力紧握(此时握力计不能接触受试者的衣服和身体),记下握力计指针的刻度(或握力器所显示的数字)。用有力手握两次。取最大值,以千克为单位,保留一位小数。

4.注意事项

保持手臂自然下垂姿势,手心向内,不能触及衣服和身体。

(五)引体向上

1.测试目的

测试学生上肢肌肉力量的发展水平。

2.场地器材

高单杠或高横杠,杠粗以手能握住为准。

3.测试方法

受试者跳起双手正握杠,两手与肩同宽成直臂悬垂。静止后,两臂同时用力引体(身体不能有附加动作),上拉到下颌超过横杠上缘为完成一次。记录引体次数。

4.注意事项

(1)受试者应双手正握单杠,待身体静止后开始测试。

(2)引体向上时,身体不得做大的摆动,也不得借助其他附加动作撑起。

(3)两次引体向上的间隔时间超过 10 秒停止测试。

(六)坐位体前屈

1.测试目的

测量学生在静止状态下的躯干、腰、髋等关节可能达到的活动幅度,主要反映这些部位的关节、韧带和肌肉的伸展性和弹性及学生身体柔韧素质的发展水平。

2.场地器材

坐位体前屈测试计。

3.测试方法

受试者两腿伸直,两脚平蹬测试纵板坐在平地上,两脚分开 10~15 厘米,上体前屈,两臂伸直,用两手中指尖逐渐向前推动游标,直到不能前推为止。测试计的脚蹬纵板内沿平面为 0 点,向内为负值,向前为正值。记录以厘米为单位,保留一位小数。测试两次,取最好成绩。

4.注意事项

(1)身体前屈,两臂向前推游标时两腿不能弯曲。

(2)受试者应匀速向前推动游标,不得突然发力。

(七)仰卧起坐

1.测试目的

测试学生的腹肌耐力。

2.场地器材

垫子若干块(或代用品),铺放平坦。

3.测试方法

受试者仰卧于垫上，两腿稍分开，屈膝成90°角左右，两手指交叉贴于脑后。另一同伴压住其踝关节，以固定下肢。受试者坐起时两肘触及或超过双膝为完成一次。仰卧时两肩胛必须触垫。测试人员发出“开始”口令的同时开表计时，记录1分钟内完成次数。1分钟到时，受试者虽已坐起但肘关节未达到双膝者不计该次数，精确到个位。

4.注意事项

(1)如发现受试者借用肘部撑垫或臀部起落的力量起坐，该次不计数。

(2)测试过程中，观测人员应向受试者报数。

(3)受试者双脚必须放于垫上。

(八)跳绳

1.测试目的

测试学生的下肢爆发力和身体协调能力。

2.场地器材

地面平整、干净的场地一块，地质不限。主要测试器材包括秒表、发令哨、各种长度的跳绳若干条。

3.测试方法

两人一组，一人测试，一人计数。受试者将绳的长短调至适宜长度，听到开始信号后开始跳绳，动作规格为正摇双脚跳绳，每跳跃一次且摇绳一回环(一周圈)，计为一次。听到结束信号后停止，测试员报数并记录受试者在1分钟内的跳绳次数，测试单位为次。

4.注意事项

测试过程中跳绳绊脚，除该次不计数外，应继续进行。

(九)踢毽子

1.测试目的

测试学生的身体协调能力。

2.场地器材

地面平整、干净的场地，地质不限。主要测试器材包括秒表、发令哨、毽子若干个。

3.测试方法

受试者听到开始信号后开始踢毽子，动作规格为单脚或双脚交换踢毽子。听到结束信号后停止，测试员报数并记录受试者在30秒内的踢毽子次数，测试单位为次。

4.注意事项

（1）测试时，仅记脚部踢毽子的次数，以膝、肩、头等身体其他部位接触毽子，只作为调整动作，不计次数。

（2）测试过程中如毽子落地，除该次不计数外，应继续进行。

（十）篮球运球

1.测试目的

测试学生综合身体素质和篮球基本技能水平。

2.场地器材

测试场地长20米，宽7米，起点线后5米设置两列标志杆，标志杆距左右边线3米。各标志杆距杆3米，共5排杆，全长20米，并列的两杆间隔1米。测试器材包括秒表（使用前应进行校正，要求同50米跑）、发令哨、30米卷尺、标志杆10根（杆高1.2米以上），篮球若干个。测试用球应符合国家标准。

3.测试方法

受试者在起点线后持球站立，听到出发口令后，单手运球依次过杆，每次过杆时需换手运球。发令员发令后开表计时，受试者与球均返回起点线时停表。每名受试者测两次，记录其中成绩最好的一次。以秒为单位记录测试成绩，精确到小数点后一位，小数点后第二位数按非0进1原则进位。

4.注意事项

（1）测试中篮球脱手后，如球仍在测试场地内，受试者可自行捡回，并在脱手处继续运球，不停表。

(2)测试过程中出现以下现象均属犯规行为,取消当次成绩:出发时抢跑、运球过程中双手同时触球、膝盖以下部位触球、漏绕标志杆、碰倒标志杆、人或球出测试区域、未按图示要求完成全程路线、通过终点时人球分离等。

(3)受试者有两次测试机会,两次犯规无成绩者可再测直至取得成绩。

(十一)足球颠球

1.测试目的

测试学生足球基本技能水平。

2.场地器材

坚实、平整场地一块。测试器材包括足球若干个。

3.测试方法

受试者在原地将球抛起,用脚背正面连续颠球,球落地则测试结束,按次计数。其他部位触球可作为调整,不计次数。每名受试者测两次,记录其中成绩最好的一次。测试单位为次。

4.注意事项

受试者可用双脚交替或单脚连续颠球。

(十二)足球运球

1.测试目的

测试学生足球基本技能水平,测试年级为大学各年级。

2.场地器材

在坚实、平整场地或足球场上进行,测试区域长 30 米,宽 10 米,起点线至第一杆距离为 5 米,各杆间距 5 米,共设 5 根标志杆,标志杆距两侧边线各 5 米。测试器材包括足球若干个(测试用球应符合国家标准)、秒表(使用前应进行校正,要求同 50 米跑)、30 米卷尺、5 根标志杆(杆高 1.2 米以上)。

3.测试方法

受试者站在起点线后准备,听到出发口令后开始向前运球依次过杆,不得碰杆。受试者和球均越过终点线即为结束。发令员发令后开始计时,受试者与球均返回终点线时停表。每人跑两次，记录其中最好的一次成绩。以秒为单位记录测试成绩，精确到小数点后一位，小数点后第二位数按非0进1原则进位。

4.注意事项

(1)测试过程中出现以下现象均属犯规行为，取消当次成绩：出发时抢跑、漏绕标志杆、碰倒标志杆、故意手球、未按要求完成全程路线等。

(2)受试者有两次测试机会，两次犯规无成绩者可再测直至取得成绩。

(十三)排球垫球

1.测试目的

测试学生排球基本技能水平。

2.场地器材

在坚实、平坦的场地或排球场上进行，测试区域为3米×3米。测试用球应符合国家有关标准。

3.测试方法

受试者在规定的测试区域内原地将球抛起，个人连续正面双手垫球，要求手形正确、击球部位准确、达到规定的高度，球落地即为测试结束，按次计数。受试者每次垫球应达到的高度，男生为2.43米，女生为2.24米。每名受试者测试两次，记录其中成绩最好的一次。测试单位为次。

4.注意事项

(1)测试过程中如出现以下现象均只作为调整，不计次数：采用传球等其他方式触球，测试区域之外触球，垫球高度不足等。

(2)为方便判定垫球高度，可将排球场的球网调整到相应的高度，或者在测试区域外相距0.5米处插两根标杆，标杆顶端用橡皮筋或标志线相连，将标杆调整到相应的高度进行判定，测试时通过比较垫球的高度和球网或标志线的高度进行判定。

第二节　心理健康的测量与评价

我们正处于一个知识爆炸、信息速变、社会迅猛发展的时代。心理健康是大学生身心健康、人格健全、和谐发展以及大学生社会适应能力发展的需要。这是当代大学生学习之必需,也是社会对未来建设者、参与者的素质的要求。著名心理学家潘菽教授曾经指出:“我们因注重身体健康,故研究生理卫生;我们若要使心理得到健康的发展,则必须注重心理卫生。”心理健康是相对而言的,世界上不存在100%的心理健康。心理问题是有层次的,如心理适应不良、心理障碍、重症心理疾病。心理适应不良包括所有不适应引起的负性情绪,如心理矛盾、心理对抗、心理压力、心理冲突、心理疲劳、心理断乳、心理应激、心理困惑等。心理障碍包括神经症和人格障碍,神经症如抑郁症、焦虑症、强迫症、恐怖症、神经衰弱等。人格障碍有反社会型、偏执型、分裂型、冲动型、攻击型、被动攻击型、癔症型、强迫型、回避型、依赖型、情感型、自恋型等,还有性心理障碍等。重症心理(精神)疾病有器质性和功能性两类,功能性精神病包括精神分裂症、情感性精神病、偏执性精神病、反应性精神病等。

一、大学生心理健康的标准

人的心理怎样才算是健康的,心理健康的标准是什么?参照心理健康的一般标准,以及我国大学生的现状,心理健康的大学生应具有如下特征:

(1)具有独立生活能力。

(2)具有独立思考、判断能力。

(3)能够从心理上接纳自己。

(4)勇于面对现实,同时对生活、对自己充满信心。

(5)具有较强的自我调节能力,能积极主动地适应新环境,调节、平衡各方面的心理冲突。

(6)人际关系良好。

(7)学习方法得当。

(8)能应付一定的挫折,如失恋、家庭贫困等。

二、心理健康自我评定及方法

许多人都想了解自己的心理健康状况，但我国心理测验与咨询尚不发达，许多地方没有条件。为此提供一些“心理健康测验量表”，供大家参考。（表 4-9—表 4-11）

表 4-9　心理健康自我测量

题号	题目内容	积分标准			
		常有	偶有	罕有	从无
1	害羞				
2	为丢脸而烦恼很久				
3	登高怕从高处跌下来				
4	易伤感				
5	做事常常半途而废				
6	无故悲欢				
7	白天常想入非非				
8	行路故意遇见某人				
9	易对娱乐厌倦				
10	易气馁				
11	感到事事不如意				
12	常喜欢独处				
13	讨厌别人看你做事，虽然做得很好				
14	对批评毫不介意				
15	易改变兴趣				
16	感到自己有许多不足				
17	常感到不高兴				
18	常感到寂寞				
19	觉得心里难过，痛苦				
20	在长辈面前很不自然				
21	缺乏自信				

续表

题号	题目内容	积分标准			
		常有	偶有	罕有	从无
22	工作有计划				
23	做事心中无主见				
24	做事有强迫感				
25	自认运气好				
26	常有重复思想				
27	不喜欢进入地道或地下室				
28	想自杀				
29	觉得别人故意找你茬				
30	易发火、烦恼				
31	易对工作产生厌倦				
32	迟疑不决				
33	寻求他人同情				
34	不易结交朋友				
35	心理懊丧影响工作				
36	可怜自己				
37	梦见性的活动				
38	在许多境遇中感到害怕				
39	觉得智力不如别人				
40	为性的问题而苦恼				
41	遭遇失败				
42	心神不定				
43	为琐事而烦恼				
44	怕死				
45	自己觉得自己有罪				
46	想谋杀人				

注:引自杨国庆,殷恒婵.大学体育[M].北京:中国社会科学出版社,2002.

使用方法:

(1)根据自己的实际情况,在每题的备选项中选画一项。

(2)题目全部画完后,累计积分。

(3)结果评定:男 65 分以上的为正常,10 分以下的为心理疾患。女 45 分以上的为正常,25 分以下的为心理疾患。

表 4-10　心理健康测量表

以下检测内容,每个问题有 4 个答案,阅读后,选择与自己实际情况相近的答案。

1.到新环境你感到紧张恐惧吗?(　　)

A.不　　B.有点紧张　　C.比较紧张　　D.很紧张,甚至有恐惧感

2.你常常想一些与“死”有关的问题吗?(　　)

A.不　　B.很少想　　C.比较想　　D.经常想

3.你寄出信后怀疑自己写错姓名,对吗?(　　)

A.不对　　B.有点对　　C.比较对　　D.很对

4.你与朋友或同事发生摩擦之后,(　　)。

A.感到不应该,并很快忘记　　B.有点不愉快,但仍能与其正常交往

C.牢记心中,难以忘掉　　D.感到苦恼,甚至怀疑会被人冷落

5.你在别人观看或监督下,自己熟练的工作会出现失误吗?(　　)

A.会　　B.不会　　C.较明显　　D.很明显

6.在黑暗中你害怕吗?(　　)

A.不　　B.有点　　C.比较害怕　　D.非常害怕

7.你的注意力容易集中吗?(　　)

A.容易　　B.不太容易　　C.较容易　　D.很容易

8.你是否愿意一个人待着?(　　)

A.不愿意　　B.不太愿意　　C.较愿意　　D.很愿意

9.你遇事总是优柔寡断吗?(　　)

A.极少　　B.有点　　C.较多　　D.经常

10.你对自己的要求是否苛刻?(　　)

A.不　　B.有点　　C.比较是　　D.总是

11.你是否总怀疑自己的能力?(　　)

A.从不怀疑　　B.很少怀疑　　C.有时怀疑　　D.经常怀疑

12.你经常因回想伤心事而暗自流泪,对吗?(　　)

A.不对　　B.有点对　　C.比较对　　D.很对

13.你对超过自己的朋友或同事嫉恨吗?(　　)

A.从不　　B.有点　　C.较嫉恨　　D.非常嫉恨

14.你经常有一种失落感吗?(　　)

A.没有　B.很少有　C.有时有　D.经常有

15.你经常怀疑别人在背后议论自己吗?(　)

A.从不　B.极少　C.有时怀疑　D.经常怀疑

16.你经常莫名其妙地发脾气吗?(　)

A.从不　B.很少　C.有时发　D.经常发

17.你对生活与工作是否自信?(　)

A.很自信　B.较自信

C.不太自信　D.缺乏自信或常常超过自信

18.你能很好地调节与控制自己的情绪吗?(　)

A.能　B.基本能　C.不太能　D.不能

19.你经常对什么都看不惯吗?(　)

A.不是　B.很少是　C.有时是　D.经常是

20.生活中你总有一种不安全感吗?(　)

A.没有　B.有,不明显　C.有,较明显　D.有,很明显

21.睡眠中你经常做梦吗?(　)

A.极少做　B.有时做　C.较多做　D.经常做

22.你总喜欢获得满足或快慰吗?(　)

A.不　B.有点　C.较喜欢　D.很喜欢

评定:将你所选的A,B,C,D四种答案,按3,2,1,0计分,90分为满分,再照以下评分标准评定。

76~90分为心理非常健康;61~75分为心理健康;46~60分为心理比较健康;31~45分为心理不太健康;16~30分为心理不健康;0~15分为心理很不健康。

评出自己的心理健康状况后,分值在0~45分者,应在日常生活与工作中有针对性地进行调控,有意提高自己的心理素质,以增进身心健康。

注:引自陈明忠.大学生心理健康教育概论[M].北京:中国环境科学出版社,1997.

表4-11　抑郁自评量表

评定项目	很少有	有时有	大部分时间有	绝大多数时间有
1.我觉得闷闷不乐,情绪低沉	4	1	2	3
2.我觉得一天之中早晨最好	1	4	3	2
3.我一阵阵哭出来或觉得想哭	1	2	3	4
4.我晚上睡眠不好	1	2	3	4

续表

评定项目	很少有	有时有	大部分时间有	绝大多数时间有
5.我吃得跟平常一样多	4	3	2	1
6.我与异性密切接触时和以往一样感到愉快	4	3	2	1
7.我发觉我的体重在下降	1	2	3	4
8.我有便秘的苦恼	1	2	3	4
9.我心跳比平时快	1	2	3	4
10.我无缘无故感到疲乏	1	2	3	4
11.我的头脑跟平常一样清楚	4	3	2	1
12.我觉得做经常做的事并没有困难	4	3	2	1
13.我觉得不安而平静不下来	1	2	3	4
14.我对将来抱有希望	4	3	2	1
15.我比平常容易激动	1	2	3	4
16.我觉得作出决定是容易的	4	3	2	1
17.我觉得自己是个有用的人,有人需要我	4	3	2	1
18.我的生活过得很有意思	4	3	2	1
19.我认为如果我死了别人会生活得好些	1	2	3	4
20.平常感兴趣的事我仍然感兴趣	4	3	2	1

注:引自林泽炎,李春苗.实用职工心理卫生与保健[M].北京:中国劳动出版社,1999.

评定结束后,把20个项目中的各项分数相加,即得到总分,然后将总分乘以1.25,以后取整数部分,就得到标准分。总分的分界值为41分,标准分为53分。

第三节　行为健康的测量与评价

行为是否健康,其测量及评价比较复杂,但不是不可评价的,可以通过一些特殊方法进行评定。健康人行为最重要的标志,就是有健康的行为方式。那么,怎样才能知道自己的生活方式是否符合健康的要求呢？心理学家编制了许多组问题让你进行自测。（表4-12）每组问题有三种回答，你只需根据自己的情况从中选择一种，然后进行计算，就可以看出你的生活方式是否符合健康、文明的要求，这对提高你的工作效率和健康地生存是有益的。

表4-12　健康生活方式问卷

1.如果你早上必须早点起床，你就（　　）。

A.调好闹钟　　B.要别人叫醒　　C.听其自然

2.早上醒来后，你是（　　）。

A.立即从床上跳下来开始工作

B.不慌不忙地起床，做一些轻松体操，然后开展工作

C.发现时间还早，还可以再睡几分钟，就继续躺在被窝里磨时间

3.在通常情况下，你的早餐是（　　）。

A.稀饭干粮　　B.牛奶面包　　C.不吃不喝饿一顿

4.每天上班，你的习惯是（　　）。

A.准时赶到工作地点

B.可稍早稍晚，前后相差半小时左右

C.灵活掌握

5.午饭时间你总是（　　）。

A.急匆匆，在食堂对付一口就算完

B.慢吞吞，有时还少量喝点酒

C.从从容容坐下来吃饭，饭后还小憩片刻

6.不管工作多忙，事情多烦，责任多重，你和同事也总是尽可能地有说有笑，这种情况（　　）。

A.每天都有　　B.有时存在　　C.很少出现

7.如果在工作中发生争论或矛盾时，你应付的办法是（　　）。

A.争论不休　　B.反应冷漠　　C.明确表态

8.每天下班后，你回家的时间是（　　）。

A.不超过20分　　B.在1小时之内　　C.在外面泡1小时以上

9.业余时间你是（　　）。

A.会见朋友和参加社交活动

B.参加各项体育运动、娱乐活动或看电影

C.从事家务劳动

10.对待探亲访友和接待来客，你的态度是（　　）。

A.可以增长见识,排除杂念,积极休息

B.浪费时间,又赔钱

C.讨厌

11.晚上睡觉时间你总是(　　)。

A.在同一时间　　B.凭自己高兴　　C.事情做好之后

12.如果有假期,你是怎样使用的?(　　)

A.集中一次过完

B.一半安排在夏季,一半在冬季

C.待有家事时,就使用

13.运动在你生活中所占的地位(　　)。

A.只是喜爱看别人运动

B.常在空气新鲜的地方做做操、打打拳

C.不喜欢运动,自己也从不运动

14.最近两个星期内(即使只有一次),你曾经(　　)。

A.到外面游玩过　　B.参加过体力劳动或运动　　C.散步 4000 米以上

15.暑假你是这样度过的?(　　)

A.消极休息　　B.做点体力劳动　　C.散散步,也参加体育活动

16.你的自尊心的表现方式是(　　)。

A.不惜任何代价要达到目的　　B.深信努力将会结出果实

C.用各种方式向别人暗示,要他们对你作出正确评价

请开始计分。首先对照表 4-13,查出每道题的得分。例如,第一道题的三种情况,选择第二种情况“要别人叫醒”,那么,根据表中的得分为 20 分。其他各题以此类推。然后,把每题的得分相加得到总分。根据总分数,就可知道你的生活方式是否符合健康的要求。

表 4-13　健康生活方式得分统计表

情况	得分															
	1	2	3	4	5	6	7	8	9	10	11	12	13	14	15	16
A	30	10	20	0	0	30	0	30	10	30	30	20	0	30	0	0
B	20	30	30	30	10	20	0	10	20	0	0	30	30	30	20	30
C	0	0	0	20	30	0	30	0	30	0	0	10	0	30	30	10

评价：

400~480分：可以肯定地说，你是一个善于生活、工作和休息的人。你不必担心刻板规律的生活让人感到单调，相反，积聚的精力和健康的体魄会使生活过得更加丰富多彩、更有意义和富有创造性。

280~399分：你能在工作繁忙的情况下掌握恢复工作能力的艺术，只要根据自己的机体特点更加合理地安排工作和生活，还是有提高效率和创造性的潜力。

160~279分：你处在“中游”水平。但是，如果长此下去，可以说将很少能健康地工作和生活。但从现在开始注意还不晚！要改变那些有害的卫生习惯和生活方式。请接受忠告，不要把可以防患于未然的事放到明天去做！

159及以下分：你的状况不佳。如果你已经感到身体不舒服，特别是心血管系统不太正常，很可能是那些有害于健康的生活方式造成的。在这种状况下，彻底改变现在的生活习惯，抵制恶习，把健康夺回来，还为时不晚！

利用“关于体育活动的态度量表”（表4-14），可以考察一般人对体育活动的参与态度。

表4-14 关于体育活动的态度量表

	题目	非常反对	反对	不能确定	赞成	非常赞成
1	我期待着参加体育活动					
2	我希望有一个比剧烈的体育活动更快乐的保持健康的方法					
3	体育活动是单调乏味的					
4	我不喜欢体育活动					
5	体育活动对我来说是极其重要的					
6	由于有了体育活动，生活更加丰富多彩					
7	体育活动令人愉快					
8	我不喜欢进行有规则的体育活动					
9	为了参加体育活动，我会安排或改变我的时间表					
10	我不得不强迫自己参加体育活动					
11	逃脱一天的体育活动，是十足的宽慰					
12	体育活动是我一天中最重要的事情					

评分：

在1,5,6,7,9和12的陈述中，评分规则是：

非常反对=1，反对=2，不能确定=3，赞成=4，非常赞成=5。

在2,3,4,8,10和11的陈述中，评分规则是：

非常反对=5，反对=4，不能确定=3，赞成=2，非常赞成=1。

评价：

54~60分：对体育活动持非常赞成的态度。

42~53分：对体育活动持赞成的态度。

30~41分：对体育活动持中立的态度。

18~29分：对体育活动持反对的态度。

12~17分：对体育活动持非常反对的态度。

第五章 体育锻炼与发展体能的方法

第一节 体育锻炼的基本原则

体育锻炼的原则是体育锻炼客观规律的反映，是人们从事体育锻炼实践，达到理想效果所必须遵循的基本准则。体育锻炼的基本原则是从体育锻炼本身固有的特点出发，以体育锻炼的理论依据为准绳，有效地指导体育锻炼的实践，并在实践中不断发展和完善，使体育锻炼达到事半功倍的效果。

一、“提高认识，自觉锻炼”原则

提高认识，指锻炼者必须提高对体育锻炼重要意义的认识和体育健身的意识。自觉锻炼，指进行体育锻炼要出自锻炼者内在的需要和自觉行动，也称为自觉积极性原则。自觉来自对体育价值有正确的认识和发自内心的需要。在不断深化认识体育价值的过程中，提高直接参与体育健身的意识，激发锻炼身体的自觉性和积极性，由“要我锻炼”转化为“我要锻炼”。贯彻“提高认识，自觉锻炼”原则，应注意以下几点：

(1)明确“生命在于运动”的科学原理，认识体育锻炼的价值，正确使用科学方法进行锻炼，以取得最佳的锻炼效果。

(2)在锻炼过程中，必须做到意念专一，即“心在运动，闲思杂虑一切摒去。运心于血脉如何流通，筋肉如何张弛，关节如何反复，呼吸如何出入。而运作按节，屈伸进退，皆一一踏实”。此外，还应注意运用“心理调整”等方法，把精神、身体、智慧和心理融为一体。

二、“循序渐进，持之以恒”原则

人体各器官系统的活动功能，有一个逐步适应、逐步提高的过程。循序渐进，指体育锻炼要遵循人体发展和适应环境的生理规律。体育锻炼是对机体给予良性刺激的过程，每次刺激都产生一定的作用痕迹。连续不断的刺激作用会产生痕迹效应积累，使机体的结构和机能产生适应性的变化，体质逐步增强，动作技能形成的条件反射也不断得到强化。时断时续的锻炼，不仅不能获得锻炼效益的积累，而且会使已获得的适应性逐渐消退，这就是“用进废退”的道理。因此锻炼身体的运动量要由小到大，运动的持续时间、距离、次数、速度、频度和强度等要逐渐增加，锻炼的内容和方法也要由易到难，从简到繁，逐步提高，也即持之以恒。

贯彻“循序渐进，持之以恒”原则，应注意以下几点：

（1）坚持安排合理的锻炼间隔。体育锻炼要有长期计划、短期安排，计划安排要根据身体适应运动负荷的能力。一般情况下，轻微的运动安排间隔时间要短；强度大的运动安排的次数可少，连绵不断。

（2）锻炼要持之以恒。持久锻炼，日积月累，健身益心之效显著，兴趣逐渐产生，达到身心愉快，从而养成经常锻炼的习惯。

三、“适量负荷，因人而异”原则

适量负荷，指体育锻炼要承受适宜的生理负荷量。锻炼的效果，很大程度上取决于运动刺激的强度，刺激太小，对机体影响轻微，不足以引起人体生理功能的变化，锻炼效果不佳。刺激过大，又可能有损身体健康，引起运动性疾病。因人而异，指适宜的运动量是因人因时而异的，要根据个人的身体状况和当时的心理状态而定。确定适宜的运动量，首先要考虑锻炼者的年龄、性别、健康状况、体质水平、项目特点和锻炼目的等因素。普通健康人锻炼身体的适宜负荷量，一般采用心率百分法来确定，即有氧锻炼，以本人最高心率的70%～80%的强度为标准；无氧锻炼，以本人最高心率的90%的强度为标准进行锻炼。

贯彻“适量负荷，因人而异”原则，应注意以下几点：

（1）锻炼时要结合自我感觉和生理测定量力而行。

（2）要根据年龄特征、气候情况、劳动强度、睡眠、营养、兴趣等综合因素统筹安排运动量和合理的运动间歇。

四、"全面发展，讲究实效"原则

全面发展，讲究实效，指体育锻炼必须追求身心全面协调发展，使身体形态结构、生理功能、运动功能、各种身体素质以及心理素质等方面得到全面和谐的发展，塑造健美的体形体态。

贯彻"全面发展，讲究实效"原则，应注意以下几点：

(1)身心的全面发展，要从适应环境和抵抗疾病的能力，改善机体形态，提高机能的功效，陶冶精神，愉悦心理，丰富文化生活等方面着手。

(2)针对个人的实际，有选择地从事简单易行、富有实效的锻炼，并应参照运动负荷价值阈标准，控制锻炼的量和强度。

(3)体育锻炼内容，应根据不同年龄、不同季节，予以适当调整，而且要针对自身的薄弱部位采取"抑其过而补其不足"的锻炼方案，促进身体各个部分与各种素质的全面提高。

五、"因地制宜，讲究卫生"原则

因地制宜，讲究卫生，指体育锻炼应根据不同地区和环境条件来选择适宜的运动项目，安排锻炼身体的手段和方法。

贯彻"因地制宜，讲究卫生"原则，应注意以下几点：

(1)因地制宜，就地取材进行体育锻炼，首先应树立安全第一的思想，避免在不安全场所和不安全的条件下进行体育锻炼，避免使用有安全隐患的设施进行体育锻炼。

(2)加强医务监督，定期检测身体状况，按合理的运动处方进行锻炼。

(3)遵守生活作息制度，运动与休息交替间隔必须合理安排，要注意劳逸结合，防止过度疲劳。

(4)注意饮食卫生，合理补充营养，以促进运动后体力迅速恢复。

(5)注意环境卫生和个人卫生。新鲜的空气，温暖的阳光，清洁的水质，合理的运动场地、器材和运动服装是运动卫生的环境因素。

第二节　体育锻炼的计划

体育锻炼的计划能保证身体锻炼有目的、有计划、有步骤、有针对性地进行，克服体育锻炼的盲目性和随意性，以便更充分地运用时间，选择科学有效的方法，取得预期效果。体育锻炼要注意系统性，要从简单到复杂，逐渐加大运动负荷，从低到高，有层次、有系统地进行。体育锻炼计划恰恰能起到这种作用。大学生的体育锻炼计划一般有全年的、阶段的（一学期或一年度）和周锻炼计划。在校期间的锻炼计划应根据体育课教学要求和本人所学专业课程的特点，按体育锻炼的基本原则，合理安排。低年级学生，首先要结合体育教学来完成《国家体育锻炼标准》及《国家学生体质健康标准》的达标任务。高年级学生应考虑如何巩固已取得的锻炼效果，在进一步发展力量素质和耐力素质的同时，加强对自己感兴趣和爱好的项目的锻炼。有计划地进行锻炼不但可以避免和克服盲目性和片面性，而且能较好地处理学习、生活、工作、体育锻炼之间的关系，形成良好的锻炼习惯。锻炼计划一般包括锻炼的目标、内容、方法和时间。

一、确定目标

低年级学生的目标应包括两个方面：一是通过体育课和课外体育锻炼完成《国家学生体质健康标准》的任务；二是培养体育兴趣和爱好，选择适合自身实际情况的运动项目进行锻炼。高年级学生的目标主要是加强对自己爱好的项目的锻炼，基本掌握 1~2 项运动项目，同时进一步提高耐力和力量素质，培养终身体育观。

二、选择内容，合理搭配

（1）课外锻炼内容和体育课学习内容相结合，《国家体育锻炼标准》和《国家学生体质健康标准》的内容相结合，达到复习、巩固，提高技术，增强体质，确保两个标准达标的目的。

（2）通过各种体育测验，了解自己，发扬长处，弥补不足，使身体得到全面发展。

（3）积极参加学校、系、班的体育竞赛活动，培养集体主义、团结互助、陶冶情操、力争上游的体育竞争精神。

(4)在提高身体素质方面,应注意速度与力量练习相结合;力量与耐力练习相结合;动力性与静力性力量练习相结合;上肢力量与下肢力量练习相结合;大肌肉群与小肌肉群力量练习相结合;发展素质与掌握技术相结合;等等。每次锻炼应安排一项主要练习,再配上 1~2 项身体素质练习。

三、锻炼次数与时间安排

大学生应严格遵守学校的生活、学习作息制度,认真上好体育课,作好计划,积极参加早操和课外锻炼活动。一般安排一年或一学期的周锻炼计划为宜(表5-1),保证每天锻炼,增强体质。

表 5-1　周锻炼次数与时间(小时)计划表

分类 / 时间 / 学期	有体育课时				无体育课时			
	早操		课外活动		早操		课外活动	
	周次数	时间	周次数	时间	周次数	时间	周次数	时间
春(秋)学期	2~3	0.5	2~3	1.5~2	3~4	0.5	3~4	1
夏(冬)学期	2~3	0.5	2~3	1	2~3	0.5	2~3	1
寒暑假期			3~4	1.5~2			3~4	1.5~2

此外,还应注意其他事项:

(1)早操时间不宜过长,一般在 30 分钟左右。运动强度宜小,以有氧锻炼为主,以不出现疲劳为度。

(2)课外活动时间可稍长,可以安排 1~1.5 小时,在晚饭前半小时结束。

(3)如果需要在睡眠前进行锻炼,运动量要小,以免影响睡眠,最好能结合冷水浴进行锻炼。

(4)在期末准备考试期间,仍要坚持锻炼,但锻炼次数、时间和强度等可适当减少。

(5)在锻炼时,应严格遵循锻炼原则,掌握科学的锻炼方法。

第三节　运动处方

一、运动处方概论

（一）运动处方的概念

世界卫生组织于1969年开始使用运动处方术语。运动处方是健身活动者进行身体活动的指导性条款。它是根据参加活动者的体适能水平和健康状况以处方形式确定其活动强度、时间、频率和活动方式，这如同临床医生根据病人的病情开出不同的药物和不同用量的处方一样，故称运动处方。但二者的不同在于：一是目的不同，前者是用来提高体适能、促进健康或预防疾患，后者是用来治疗疾病。二是终点不同，临床药物处方在病人痊愈后即停止使用，而运动处方，为了获得相关健康及体适能的功效，在整个人生中都必须持续进行适当的运动。

（二）运动处方的分类

运动处方按应用的对象和目的可分为三类。

（1）健身运动处方。健康人进行运动处方锻炼，以提高体适能，促进健康，预防运动缺乏病（高血压、冠心病、糖尿病、肥胖等）为目的，又包括有氧适能运动处方、肌适能运动处方、控制体重运动处方。

（2）竞技运动处方。专业运动员进行运动处方锻炼，以提高专业运动成绩为目的。

（3）康复锻炼运动处方。患者应用运动处方，以治疗和康复为目的。

（三）运动处方的作用

运动处方与普通的体育锻炼和一般的治疗方法不同，运动处方是有很强的针对性、有明确的目的、有选择、有控制的运动疗法。（表5-2）

表 5-2 身体活动和锻炼的健身益处

1.促进心肺功能的提高	增加最大吸氧量
	降低最大强度运动时的心肌耗氧量、心率和血压
	增加乳酸阈值
	增加心肺耐力和骨骼肌内的毛细血管数量
2.降低冠状动脉疾病危险因子	降低安静时收缩压和舒张压
	降低血胆固醇和增加高密度脂蛋白含量
	降低身体脂肪量,尤其是腹部脂肪量
	降低胰岛素的需求量,改善葡萄糖耐受力
3.降低致病率和死亡率	慢性心血管疾病、肿瘤和Ⅱ型糖尿病
4.其他相关效益	降低焦虑和忧郁
	增加幸福感
	提高工作、娱乐和运动能力

引自 ACSM's *Guidelines For Exercise Test and Prescription* Sixth Edition.

二、运动处方的制订与实施

(一)运动处方的要素

任何一类运动处方都应包括这五项内容:①运动形式;②运动强度;③运动频率;④持续时间;⑤注意事项及微调整。特别是前四项内容,又称为运动处方四要素。

1.运动形式

依据运动时身体代谢的特点,将健身活动分为有氧运动、无氧运动及混合性活动。(表 5-3)

表 5-3　有氧、无氧及混合运动项目示例

有氧运动	无氧运动	混合运动
步　行	短距离全速跑	足　球
慢　跑	举　重	橄 榄 球
自 行 车	拔　河	手　球
网　球	跳跃项目	篮　球
排　球	投　掷	冰　球
远　足	肌力训练	间歇训练

在运动处方实施中，选择运动形式的条件是：①经医学检查已许可；②运动强度、运动量符合本人体力；③过去的运动经验与本人喜欢的项目；④场地、设备器材许可；⑤有同伴与指导者。

现代运动处方的运动形式包括三类：

第一类：有氧耐力运动项目。如步行、慢跑、速度游戏、游泳、骑自行车、滑冰、越野滑雪、划船、跳绳、上楼梯及功量车、跑台运动等。

第二类：伸展运动及健身操。如广播体操、气功、武术、舞蹈及各类医疗体操和矫正体操等。

第三类：力量性锻炼。如自由负重练习、部分健美操等。

2.运动强度

运动强度是指单位时间内的运动量，即运动强度=运动量/运动时间。运动强度是设计运动处方中最困难的部分，是运动处方四要素中最重要的一个因素，也是运动处方定量化与科学性的核心问题。因此需要有适当的监测来确定运动强度是否适宜，可根据训练时的心率、梅脱（METs）、主观感觉程度（RPE）、最大吸氧量贮备百分比进行定量化。

（1）心率。心率和运动强度之间存在线性关系。通常，用心率确定运动强度有两种方法。

①用最大心率（HRmax）的百分比来确定运动强度。最大心率不容易测定，可用公式：最大心率=220-年龄来推算。湖南师范大学体育学院运动人体科学教研室的实验研究表明这一公式适用于中国人。通常认为，提高有氧适能的运动处方

宜采用 55%～77% HRmax。

②用最大心率贮备(HRR)百分比来确定运动强度。最大心率贮备等于最大心率减安静心率之差。在实际应用时,是用贮备心率和安静时心率同时来确定运动时的心率,称靶心率(THR),这一方法是卡沃南提出的,其计算公式是:

靶心率=(最大心率-安静时心率)×(0.6～0.8)+安静时心率

0.6～0.8 为适宜强度系数,即 60%～80%最大心率贮备。通常认为,在此强度系数范围内,运动能有效地提高有氧适能。

(2)代谢当量(梅脱)。梅脱是以安静时的能量消耗为基础,表达各种活动时的相对能量代谢水平。机体的耗氧量与身体活动时的能耗量成正比,静息状态下耗氧量绝对值约为 250 ml,相对值约为 3.5 mlkg-1 min-1,这一安静状态下的值规定为 1 梅脱(METs)。例如,一项活动时的吸氧量为 14 mlkg-1 min-1,则 METs=14÷3.5=4.0。此外,还可以先用间接测定的方法来推算最大吸氧量,然后折算为 METs 值。

(3)自感用力度(RPE)。研究证明,用力的主观评价与工作负荷、最大心率贮备百分数、每分通气量和吸氧量,甚至血乳酸水平高度相关。博格(Borg)提出 RPE×10 约与心率相等。RPE11～16 和心率 110～160 次 min-1 相当,此值在典型的训练强度范围内。对正常人而言,RPE11～16 也与绝对运动强度范围 50%～75%最大梅脱(METs)相近,许多研究证明,RPE 可应用于各种人群而不论年龄、性别和出身。换言之,我们工作强度的主观评价同受工作影响内部因素一样,都能给负荷本身提供一个精确的评价。

(4)最大吸氧量贮备(O_2R)百分比。最大吸氧量贮备为最大吸氧量减静息吸氧量。以前认为最大吸氧量百分比(%O_2max)与最大心率贮备百分比(%HRR)相当,而近年来大量研究证实,最大心率贮备百分比与最大吸氧量贮备百分比的当量关系比最大心率贮备百分比与最大吸氧量百分比的当量关系更为密切和精确,故建议用最大吸氧量贮备百分比取代最大吸氧量百分比和最大心率贮备百分比一起,作为运动处方中常用强度控制指标。

3.运动频率

运动频率是指每周锻炼的次数。每周锻炼 3～4 次是最适宜的频率,但由于运动效应的蓄积作用,间隔不宜超过 3 天。作为一般健身保健或处于退休和疗养条件者,坚持每天锻炼一次当然更好,但前提条件是次日不残留疲劳,每日运动才是可取的。关键是运动习惯性或运动生活化,即个人可选择适合自己情况的锻炼次数,但每周最低不能少于两次。

4.运动持续时间

运动持续时间和运动强度关系密切。当运动强度达到阈强度后,一次运动的效果是由总运动量来决定的,而总运动量=运动强度×运动时间,即由两者的配合来共同决定,在总运动量确定时,运动强度与运动时间成反比。运动强度较大则运动时间较短,运动强度较小则运动时间较长。

(二)运动处方的制订程序与原则

1.制订程序

根据我国现有的身体测试设施的条件,运动处方的制订程序建议按下列简易步骤进行。

第一步:进行一般调查和填写问卷,一般调查包括询问病史及健康状况,询问内容包括既往病史、家族史、身高、体重。目前的健康状况包括最近是否测过血压或血脂,结果如何,最近有否患病,如有,详细询问诊断及治疗情况,如实填写问卷。通过调查和问卷的初步筛选选出怀疑有心血管疾病患者,可嘱其到医院进行运动试验复查。

第二步:用 12 分钟跑等方法推测其有氧适能水平。

第三步:根据个人具体情况制订运动处方。

第四步:对运动处方进行修改或微调,按处方活动一段时间后,根据参加者的生理反应和适应状况,再对处方作进一步的修改或调整。

第五步:实施运动处方。

2.运动处方的原则

(1)因人而异的原则。根据每一个参加锻炼者或病人的具体情况,制订出符合个人身体客观条件及要求的运动处方。

(2)有效的原则。运动处方的制订和实施应使参加锻炼者或病人的功能状态有所改善。

(3)安全的原则。按运动处方运动,应保证在安全的范围内进行,若超出安全的界限,则可能发生危险。在制订和实施运动处方时,应严格遵循各项规定和要求，以确保安全。

(4)全面的原则。运动处方应遵循全面身心健康的原则，在运动处方的制订和实施中，应注意维持人体生理和心理的平衡，以达到“全面身心健康”的目的。

(三)运动处方的实施

在运动处方的实施过程中，应注意每一次运动的安排、运动量的监控及医务监督。

1.运动的安排

在运动处方的实施过程中，每一次运动都应包括三个部分，即准备活动部分、基本部分和整理活动部分。

(1)准备活动部分。准备活动部分的主要作用是使身体逐渐从安静状态进入工作(运动)状态，逐渐适应运动强度较大的训练部分的运动，避免出现心血管、呼吸等内脏器官系统突然承受较大运动负荷而引起的意外，避免肌肉、韧带、关节等运动器官的损伤。

在运动处方的实施中，准备活动部分常采用运动强度小的有氧运动和伸展性体操，如步行、慢跑、徒手操、太极拳等。

准备活动部分的时间，可根据不同的锻炼阶段有所变化。在开始锻炼的早期阶段，准备活动的时间可为10~15分钟；在锻炼的中后期准备活动的时间可减少为5~10分钟。

(2)基本部分。基本部分是运动处方的主要内容，是达到康复或健身目的的主要途径。运动处方基本部分的运动内容、运动强度、运动时间等，应按照具体运动处方的规定实施。

(3)整理活动部分。每一次按运动处方进行锻炼时，都应安排一定内容和时间的整理活动。整理活动的主要作用是：避免出现因突然停止运动而引起的心血管系统、呼吸系统、植物性神经系统的症状，如头晕、恶心、重力性休克等。

常用的整理活动有散步、放松体操、自我按摩等。整理活动的时间一般为5分钟左右。

2.锻炼中运动强度的监控

在运动处方的实施过程中，应注意对运动强度的监控。

3.运动中的医务监督

在运动处方的实施过程中，一般的健康人应进行自我监督，对治疗性运动处方的实施应进行医务监督。

三、运动保健处方

1.发展力量的运动处方

锻炼目的：增强肌肉力量，发展各种身体素质和运动能力。

锻炼内容：仰卧起坐，仰卧挺身，俯卧撑，双臂屈伸，单、双腿跳，多级跨跳等。

运动强度：心率掌握在130次/分钟左右。

运动时间：50~60分钟。

运动频率：每周3次。

注意事项：循序渐进，逐渐增加运动时间，同时要注意休息，合理膳食。

2.克服焦虑的运动处方

锻炼目的：克服心理焦虑。

锻炼内容：有氧运动，如乒乓球、羽毛球、篮球、跳绳等。

运动强度：心率掌握在120~150次/分钟。

运动时间：45~60分钟。

运动频率：每周3~4次。

注意事项：时间根据体力状况而定，强度最好是中等强度以上（60%以上）的有氧运动。

3.糖尿病患者的运动处方

锻炼目的：防治糖尿病。

锻炼内容：步行、慢跑、保健体操、保健功、打太极拳、跳舞等。

运动强度：运动中心率=170−年龄。

运动时间：30分钟。

运动频率：每周4~6次。

注意事项：最好在进餐60分钟以后锻炼，运动量要由小到大，以能耐受为度。

4.帮助消化的运动处方

锻炼目的：帮助消化。

锻炼内容:散步、腹部按摩、腹肌运动、仰卧举腿、转体练习等。

运动强度:心率掌握在 100 次/分钟左右。

运动时间:20~30 分钟。

运动频率:每天 1 次。

注意事项:每次练习时间可短一些,每天重复的次数可多一些。每天饭后锻炼,效果更佳。

5.消除疲劳的运动处方

锻炼目的:消除大脑或身体疲劳。

锻炼内容:散步、健身操、远足或旅游等。

运动强度:心率掌握在 100 次/分钟左右。

运动时间:20~30 分钟。

运动频率:每周 3~5 次。

注意事项:运动时间应根据疲劳的性质和自己的实际情况而定。消除身体疲劳的锻炼强度较小,消除大脑疲劳的锻炼强度一般为中等。

6.纠正胸廓畸形的运动处方

锻炼目的:纠正扁平胸。

锻炼内容:哑铃屈臂、直臂扩胸、各种球类运动、双臂屈伸等。

运动强度:心率掌握在 120~148 次/分钟。

运动时间:30~40 分钟。

运动频率:5~6 次。

注意事项:胸廓畸形与平时不注意身体姿态有较大关系,所以在日常的坐、立、行中应注意养成正确的身体姿势。

第四节　体育锻炼与提高身体素质的方法

在影响人体健康的诸因素中,科学的体育锻炼是促进人体健康发展最积极的因素,不仅可以增进健康、增强体质,而且可以改善和提高下一代人乃至整个民族的体质。

体育锻炼与提高身体素质的方法是运用各种身体练习的方法，结合自然力和卫生措施，进行经常的、全面的身体锻炼，以达到发展身体、增进健康、增强体质、培养锻炼习惯、丰富文化生活的目的，使人体向着更完美的方向发展，以适应新时代学习和工作的需要。

一、灵敏素质

灵敏素质是指迅速改变体位、转换动作和随机应变的能力。

1.灵敏素质训练的形式

（1）一般灵敏素质：人在各种活动中，在突然变换的条件下，迅速、合理、准确地完成各种动作的能力。它是专项灵敏素质发展的基础。

（2）专项灵敏素质：运动员在专项运动中，迅速、准确、协调自如地完成本专项各种技术动作的能力。它是在一般灵敏素质的基础上，多年重复专项技术，提高专项技能的结果。

2.提高灵敏素质的方法

（1）做各种调整身体方位的练习。

（2）做专门设计的各种复杂多变的练习，如用“之字跑”“躲闪跑”“穿梭跑”和“立卧撑”四项组成的综合性练习。

（3）以非常规姿势完成的练习，如侧向或倒退跳远、跳深等。

（4）限制完成动作的空间练习，如在缩小的球类运动场地进行练习。

（5）改变完成动作的速度或速率的练习，如变换动作频率或逐步增加动作的频率。

（6）做各种变换方向的追逐性游戏和对各种信号作出应答反应的游戏等。

（7）在跑、跳中做迅速改变方向的各种跑、躲闪、突然启动以及各种快速急停和迅速转体练习等。

3.灵敏素质的测试方法

（1）立卧撑——评价人体迅速变换体姿和准确完成动作的能力。

（2）反复横跨——评价快速侧移能力。

（3）折线跑——评价在快速中急停和快速转变运动方向的能力。

（4）象限跳——评价人体双脚蹦跳时快速改变身体姿势的能力。

二、柔韧素质

柔韧素质是指运动时各关节活动幅度和跨关节的肌肉、结缔组织的伸展能力。

1.柔韧性的作用和意义

如果缺少经常的伸展活动,肌肉往往会失去柔韧性,如急需做一特殊动作时,就很难达到要求的动作范围,以至于经常引起肌肉组织的损伤。柔韧性锻炼还有以下几个方面的作用:伸展活动会增大肌肉的活动范围,所以当某关节伸展到最大动作幅度时,其具有较大伸长能力的肌肉即允许较大的活动范围;活动范围扩大有助于提高大幅度动作的速度和力度,如棒球中的投掷和板球的投球等;加强肌群间的协调,如果相对肌群间存在差异,肌肉、肌腱连接中就会形成弱点;改善肌肉的放松度,这对赛前的准备动作是有利的,可帮助运动员为采取下一个动作作好心理准备;降低运动后肌肉的紧张度,赛事后做些伸展运动可减少肌肉紧张度,防止发生僵硬(而不是疼痛);抵消训练过度可能产生的限制性影响,肌肉发达对一些运动是理想的,但这可能产生一种影响,即缩短那些还没有完全达到活动范围的肌肉。伸展有助于缓和这个问题。

2.影响柔韧性的因素

(1)锻炼:积极锻炼的人往往有更好的柔韧性。

(2)温度:温度升高或直接受热引起的强度增加能提高动作幅度和肌肉的伸缩性。相反,温度降低可导致柔韧性减少20%。这说明在进行诸如滑冰、滑雪和游泳等运动前有必要做充分的热身动作。

(3)年龄:僵硬常与年龄的增长有关。这是因为肌肉失去了弹性而保持着收缩性,导致肌肉更加绷紧。活动的减少也会降低柔韧性。因此,增加活动和肌肉伸展训练可使这些变化降到最低点。

(4)热身:热身能提高肌肉温度,在充分热身之后更容易提高关节和肌肉的柔韧性。

(5)性别:很多比较研究均表明,女性的大部分关节要比男性柔韧,且整个成年期都是如此。尽管还不十分清楚真正的原因,但是一直被认为与男女儿童早期生活的不同经历有关。

(6)特殊性:柔韧性因不同的关节及关节周围肌肉的收缩角度而不同。因此,柔韧性训练应集中在那些跟某种特定活动有关的身体部位。当然,也不能忽略那些不用的肌肉。

3.伸展训练种类

(1)被动伸展:有时称为静态伸展。这种伸展形式是指某一肌肉逐渐伸长到它受阻的某一点,不缩回,保持 20~40 秒。肌肉应该被拉伸到自身内有种正在被伸长的感觉为止。如感到不适,应缓和紧张度。静态伸展是伸长肌肉和结缔组织的一种既安全又有效的方法。由于它不涉及爆发性的动作,所以不会引起像冲击伸展中那样大的伸展反射。它特别适合全身肌肉的总体伸展,受伤后的早期恢复阶段,激烈体育锻炼后的放松阶段。

(2)冲击伸展:这里有一种反弹性伸展形式。肌肉被拉到运动范围的极点,然后通过反弹而过度伸长。在过去,这是常用的伸展方法之一,但现在已认识到由于“伸展反射”而可能产生肌肉内部的损伤,所以已放弃此方法。

(3)伸展反射:肌纤维含有称为肌肉纺锤体的感觉神经末梢,其主要作用是从肌肉把伸展状态信息传回中枢神经系统。如果肌肉被突然拉长,感觉器中央部分的变形会使伸展反射自动反应,促使肌肉收缩,避免由于撕裂而损伤。伸展反射引起的收缩量和收缩率与伸展量和伸展率成正比例。因此,伸展越快越有力,被伸展肌肉的收缩也越快越有力。这样,肌肉撕裂的可能性就越大,对那些不太锻炼的肌肉更是如此。因此,不要做反弹或“冲击”动作。然而,对于身体强壮且在运动项目中可能需要冲力和爆发力的运动员来说,冲击练习就很重要。但在这种情况下,做冲击动作之前,必须先做被动或伸展范围训练。

(4)PNF 伸展:PNF 代表本体神经肌肉促进。尽管它在健康训练中还是相当新的,但用于肌肉与肌腱受伤的恢复已有相当一段时间。它的一种变式已成为柔韧性训练和防止受伤中效果最佳的一种伸展形式。

调查研究表明:PNF 伸展运动与静态(慢速)伸展或冲击(回弹)伸展各做 3 个月后,用坐伸测试测定,结果前者对提高背部弯曲灵活度的效果比后者多 200%。

进行 PNF 伸展运动应注意以下几个问题:应在全身做完热身运动之后再进行;等距收缩不宜为爆发性的;运动搭档在等距收缩阶段只提供阻力,在静态伸展阶段只提供助力;等距收缩时,前面两秒内应渐渐加载力量,然后持续 5 秒。

主动伸展适合在剧烈运动前立即伸展,伸展大关节肌群(如肩、臀、膝和踝关节)。

4.发展柔韧素质的方法

(1)仰卧直腿上举。仰面躺在地上,两手抱头,抬起双腿,将它缓慢伸展开来。两膝靠拢绷脚尖,然后慢慢放下,之后重复以上动作。

(2)腘旁腱伸展运动。屈一条腿,脚跟靠近另一条放直的腿,背挺身直,伸手向前去碰脚踝、抓牢脚踝进行腘旁腱部和背部肌肉的等距收缩。该伸展运动运用了 PNF 原理。

(3)四头肌伸展运动。站着或躺在地上,一条腿弯曲,将其脚后跟拉到臀部位置,保持这个伸展运动需注意膝盖并拢。同时,该运动也用了 PNF 原理。

(4)小腿伸展运动。伸小腿时,要同时伸展腓肠肌和比目鱼肌两块肌肉,伸展前者时,后腿站直。伸展后者时,后腿弯曲。要保证在两套伸展动作中上身重量均放在前腿上。

5.伸展运动的基本原则

慢呼吸、深呼吸、均匀地呼吸;不要伸展至呼吸不畅的地步;不要伸展过度,要能感觉到伸展,但不至于感觉到疼痛;将伸展保持在舒服的位置。随着动作的持续,紧张感应渐渐减少;只有当肌肉暖和时才做伸展运动;集中注意放松做伸展动作的部位;如果练习时间较长,练习之前和之后都要进行伸展运动;尽量维持静态伸展 20~30 秒,甚至更长。

6.柔韧素质的测试方法

(1)坐伸法:这种测试方法主要是用来测定腰部和腘旁腱肌群的伸展性。

测试程序:坐在地上,两腿伸直;将脚底靠在一块平板上;腿伸直,在臀部处前弯曲;向前伸,尽力用手去碰脚趾,再越过脚趾。

评分方法:未碰到脚趾说明柔韧性差;碰到脚趾为一般;手能越过脚趾一手长为良好;手能越过脚趾至前臂中间为优秀。

(2)立位体前屈:这种测试方法主要用来测定髋关节及膝关节后侧韧带、肌腱肌肉的伸展性。

测试程序:站在高台上,两腿并拢伸直;将脚尖靠在高台缘齐平;腿伸直,然后上体前屈;同时双手手臂充分向下伸直,尽力用手去碰脚趾,再越过脚趾。

评分方法:未碰到脚趾说明柔韧性差;碰到脚趾为一般;手能越过脚趾一手长为良好;手能越过脚趾至前臂中间为优秀。

(3)俯卧背伸:这种测试方法主要用来测定脊柱的伸展性,但是同背肌的力量也有密切的关系。

测试程序:俯卧姿势,两腿伸直,左右分开45厘米;有助于帮助固定受测试者的两脚;然后受测试者将双手置于头后;慢慢仰头、伸背、尽力将上体抬起;测试员手持直尺丈量下颌点至地面的垂直距离。

评分方法:上体抬起高度在56厘米为柔韧性差;上体抬起高度在58厘米为柔韧性良好;上体抬起高度在60厘米为柔韧性优秀。

(4)四头肌测试:这种测试方法主要用来测定臀部屈肌关节的肌肉,对正确协调骨盆运动起着很重要的作用。

测试程序:俯卧姿势在地上,两腿伸直;将一腿弯曲,让脚后跟靠近臀部;然后受测试者将双手置于脑后;收腹使臀部贴近地面;让一名搭档轻轻地把脚踝推向臀部。

评分方法:脚跟不能碰到臀部为较差;碰到臀部为一般;毫不费力地碰到臀部为良好。

(5)肩部伸展测试:这种测试方法主要是用来测定肩膀的伸展性。

测试程序:坐在地上,两膝较为舒服地弯曲;手臂伸直举到头顶上方;动作过程中要收腹,以防止背部弯曲或扭曲;搭档可以轻缓地将背推至活动范围极限。

评分方法:手臂伸直举到肩部前方为较差;手臂伸直与肩部、臀部成一直线为良好;手臂伸直举到肩后为优秀。

三、力量素质

力量素质是指肌肉从事工作时克服阻力的能力。各项运动都需要克服不同的阻力,故力量素质是各项运动的基础素质,是身体训练的重要指标。

1.力量素质的作用和意义

力量素质可以让人增强肌肉力量,提高耐力、速度和爆发力;通过增加无脂肪物质而使身体成分发生变化;让人的肌肉发达,改善人体姿势;调理特定的肌肉以获得优秀的运动成绩;用于肌肉伤后的恢复;帮助减少随年龄老化而发生的肌肉损失及基础代谢减慢;通过增加肌肉组织来加快新陈代谢。

2.影响力量素质的因素

(1)温度:温度降低可导致肌肉粘连性增加,因此在进行运动前要做充分的热身动作。

(2)年龄:防止年龄增大而产生的肌肉组织萎缩所导致的新陈代谢缓慢。

(3)热身:热身能提高肌肉温度,在充分的热身之后更容易提高关节和肌肉的柔韧性。

(4)性别:女性和男性一样具有发展力量的潜力,女性是通过改善运动神经的参与,而不是通过改变肌肉的收缩结构来增加力量的。

(5)特殊性:力量素质因不同肌肉的收缩角度而不同。因此力量训练应集中在那些跟某种特定活动有关的身体部位。当然,也不能忽略那些不用的小肌肉群的练习。

3.力量素质训练的形式

(1)定量力量训练:使用定量力量器械时,施力大小随动作范围的改变而改变。随着角度的变化,拉起重物时会觉得重一些或轻一些,这主要是因关节的角度不同。定量力量训练的例子包括自由重物(杠铃和哑铃)、练习者自身体重(双杠和单杠)及举重器械等。

(2)变量力量训练:使用变量力量器械时,通过关节的运动来弥补杠杆的变化,这种器械把人体杠杆与机器杠杆相关联,并在整个移动过程中给肌肉施予最大的负荷。

(3)适应性力量训练:通过控制动作速度可以在整个运动过程中显著增加负荷。适应性力量设备可以在运动过程中以最大的力与阻力相抗。适应性力量训练的例子包括使用液压系统、空气系统和装有飞轮的前后排列离合器踏板,可以在较快与极慢之间无级调整。

4.发展力量素质方法

(1)引体向上:两手握单杠,两腿屈膝腿后交叉,手臂伸直成吊姿。两手用力拉杠,身体上引,仰头挺胸,两臂慢慢下放伸直。然后反复进行相同动作的拉伸练习。

(2)负重挺举:身体直立,两脚开立与肩同宽,上体前屈,两手握杠,两腿稍微向前屈膝半蹲同时两臂用力翻握杠铃,置于胸上方,两肘关节前,掌心向外。两臂用力将杠铃上推,超过头顶同时两腿交叉成弓步,使杠铃置后上方靠近身体重心。然后两腿弓步回收直立,放下杠铃,重复进行相同动作的挺举练习。

(3)负重卧推:身体仰卧在卧推凳上,两腿分开着地。两臂伸直将杠铃举起,颈部放松。两臂屈肘,将杠铃置于胸前,尽量靠近胸部。两臂同时用力向前推杠铃,两臂伸直。然后重复进行相同动作的卧推练习。

(4)负重下蹲起:身体直立,杠铃置于肩上,两手握杠铃,两脚并拢。两腿屈膝下蹲,身体保持正直,塌腰、挺胸,身体重心平稳。两腿用力向上跳起,两腿伸直。然后重复进行相同动作的负重下蹲起练习动作。

(5)负重屈臂练习:身体直立,两手握哑铃置于体侧,两脚并拢。两臂屈肘使哑铃靠近肩部,两臂慢慢放下。然后重复进行相同动作的屈臂练习。

5.力量素质训练的安全与注意事项

(1)在每次练习之前要注意脚的位置是否正确,骨盆稳定,抓杠的手的距离要一致。

(2)对想用的器材非常熟悉,查看一下杠铃缆绳有无磨损,环节有无松动,要正确装卸器材,不要随意让杠铃掉下来,使用后将器材放回原处。

(3)在地板上、凳子上或桌子上进行举重,两腿平行站立、与肩同宽、靠近横杠,屈膝来降低臀部。背要保持挺直,尽量与地面垂直,头部要保持后仰起,伸直双脚将杠铃举上去。

(4)锻炼时,要了解自己的力量极限,掌握正确的举重方法。

(5)加强保护。

6.力量素质的测试方法

(1)握力:这种测试方法主要是用指针式握力计来测定前臂及手部屈肌群的静力性力量。

测试程序:直立,手持握力计(指针向外);两臂自然下垂;然后以最大力量紧握握力计一次;用力时不准屈臂、挥臂、弯腰或接触身体其他部位。

评分方法:握力在40千克(男)、30千克(女)为较差;握力在50千克(男)、40千克(女)为一般;握力在60千克(男)、50千克(女)为良好;握力在70千克(男)、60千克(女)为优秀。

(2)背力:这种测试方法主要是用背力计来测定背力。

测试程序:站立于背力计踏板的指定位置;将背力计握柄的高度调到测试者上体前倾 30°或膝关节齐平的位置;然后双手紧握把柄,伸直双腿;用最大的力量直臂上拉背力计。

评分方法:背力在 130 千克(男)、80 千克(女)为较差;背力在 150 千克(男)、100 千克(女)为一般;背力在 170 千克(男)、120 千克(女)为良好;背力在 190 千克(男)、140 千克(女)为优秀。

(3)引体向上:这种测试方法主要是用单杠来测定自身体重的上臂屈肌群的动力性力量。

测试程序:站立于杠下;跳起双手正握或反握杠成悬垂姿势;然后屈臂引体至下颌超过横杠上缘;再慢慢放下伸直双臂,还原成悬垂姿势为一次;悬垂做动作时不能摆动。

评分方法:引体向上在 6 次(男)为较差;引体向上在 9 次(男)为一般;引体向上在 12 次(男)为良好;引体向上在 15 次(男)为优秀。

(4)立定跳动:这种测试方法主要是用来测定下肢肌肉快速收缩发出的力(爆发力)。

测试程序:站立于起跳线后;屈膝预摆几次;双足用力向前上方起跳;然后双足落地;丈量起跳线前沿至落地点的最近距离。

评分方法:立定跳远在 200 厘米(男)、150 厘米(女)为较差;立定跳远在 220 厘米(男)、170 厘米(女)为一般;立定跳远在 240 厘米(男)、190 厘米(女)为良好;立定跳远在 260 厘米(男)、210 厘米(女)为优秀。

四、速度素质

速度素质是指人体在尽可能短的时间内完成动作的能力。速度训练是现代各项运动训练的核心,速度的提高与力量素质的提高和肌肉收缩、神经支配功能的改善密切相关。

1.速度素质的作用

(1)提高神经系统的灵活性及反应能力。

(2)通过速度训练使身体成分发生变化。

(3)帮助减少随年龄老化而发生的肌肉损失及基础代谢减慢。

2.影响速度素质的因素

(1)锻炼:积极锻炼的人往往有较好的速度素质。

(2)温度:温度降低可导致速度练习时受伤。这说明在进行运动前做充分的热身动作很有必要。

(3)年龄:防止年龄增大而产生的肌肉组织萎缩所导致的新陈代谢缓慢。

(4)热身:热身能提高肌肉温度,在充分的热身之后更容易提高关节和肌肉的柔韧性。

(5)性别:女性和男性一样具有发展速度的潜力。

3.速度素质训练的形式

(1)反应速度:人体对外界刺激反应的快慢程度。它是以神经反射的反应时为基础的,反应时越短,反应速度越快;反之,则反应速度越慢。

(2)动作速度:人体快速完成单个动作的能力。通常用单位时间内完成动作数量的多少来衡量。运动速度取决于中枢神经系统的灵活性以及完成动作的力量、幅度、协调性等因素。此外,还与技术水平、机能能力的发展水平等密切相关。

(3)位移速度:单位时间内人体位移的距离。在周期性运动中指人体通过一定距离所用时间的多少。

4.发展速度素质的方法

(1)反应速度:利用突然发出的信号完成规定的某一动作,以此提高反应速度。

①听信号转身跑。

②运动中听信号迅速改变方向跑。

③运动中看到目标迅速做各种练习。

④通过各种游戏性质来提高反应练习。

(2)动作速度:提高肌肉在一定条件下的收缩能力。可做连续快速举轻杠铃、反复跳跃、投掷轻器械等练习。

①反复快速做高抬腿跑。

②反复快速做摆臂练习。

③快速后蹬跑。

④计时跨步跳。

⑤快速做立卧撑动作。

⑥做持不同重量器械的快速投掷、快速旋转等。

(3)位移速度:发展和提高加速能力和绝对速度能力的训练,短跑的专项速度训练。

①蹲距式起跑。

②加速跑。

③行进间跑。

④不同段落的大强度跑。

⑤接力跑。

⑥各种大强度的跳跃练习等。

5.速度素质训练的安全事项

(1)要充分做好热身运动,使肢体充分活动。

(2)要加强伸展运动练习,防止受伤。

(3)应加强反应速度和动作速度的训练。

(4)速度素质发展到一定程度会出现进步缓慢或停滞不前,这主要是没有使身体素质和技术进一步发展和提高,或总是用一种节奏去完成动作,在大脑皮层形成一种动作定型。

6.速度素质的测试方法

50 米跑:这种测试方法主要是用来测定人体的位移速度。

测试程序:用站立式起跑;快速跑到终点;计时员见到信号开表,测试者的胸部到达终点线垂直平面时停表;测试者穿平底鞋跑,不准抢跑和串道。

评分方法:快速跑在 9 秒(男)、10 秒(女)为较差;快速跑在 8 秒(男)、9 秒(女)为一般;快速跑在 7 秒(男)、8 秒(女)为良好;快速跑在 6 秒(男)、7 秒(女)为优秀。

五、耐力素质

耐力素质是指有机体长时间活动对抗疲劳的能力。运动员克服疲劳的能力越强,坚持运动的时间就越长,表现出来的耐力素质就越高。

1.耐力素质的作用和意义

(1)增加心血管系统和呼吸系统的功能。

(2)通过耐力训练可以提高肌肉的耐力,为机体承受大负荷训练。

(3)改进输氧系统和能量代谢的功能。

2.影响耐力素质的因素

锻炼:积极锻炼的人往往有较好的耐力素质。

3.耐力素质训练的形式

(1)一般耐力:主要为增加心血管系统的机能。

(2)专项耐力:是在一般耐力的基础上进行的。

4.发展耐力素质方法

(1)一般耐力:基本方法是长时间的慢跑、越野跑、球类活动等,随着有氧耐力的提高,可逐渐增加练习的时间和强度。

(2)专项耐力:不同的项目,对专项耐力有不同的要求。主要是重复专项动作和专项的专门练习动作,通常采用重复训练法和间歇法。

5.耐力素质训练的安全事项

运动员进行耐力训练时要注意五个因素:练习强度、持续时间、间歇时间、休息方式、重复次数,要根据各个不同的训练阶段来安排耐力训练的比重和负荷,选择有效的训练方法和手段,并注意有氧耐力和无氧耐力训练的结合。

6.耐力素质的测试方法

12 分钟跑:这种测试方法主要用来测定一般耐力水平。

测试程序:受测者在规定的 12 分钟时间内,跑最长的距离;当听到终止的信号之后,变为原地跑步,并记停跑点的位置;然后以米为单位,记录 12 分钟所跑的距离(不足 1 米不计)。

第六章　运动性损伤

第一节　运动性损伤的概述

一、概念

运动性损伤是指在体育运动过程中所发生的运动系统的各种创伤。运动系统由骨、骨联结和骨骼肌组成。骨以不同形式联结在一起,构成骨骼,形成人体的基本形态,并为肌肉提供附着,在神经支配下肌肉收缩,牵拉其所附着的骨,以可动的骨连结为枢纽,产生杠杆运动。运动系统的主要功能是运动。在运动过程中,由于种种不科学、不合理的因素以及意外情况的发生,可能会造成运动系统的直接损伤,同时可能伴有其他系统的损伤。

二、分类

运动性损伤的分类方法很多,从不同的角度可将运动性损伤分为不同的类型,现介绍常见的几种分类。

(一)按受伤的组织结构分类

运动性损伤除了直接累及运动器官外,还可造成以其他组织受损为主要征象的伤害,可分为皮肤损伤、肌肉与肌腱损伤、筋膜损伤、韧带损伤、关节软骨损伤、骨骼损伤、滑囊损伤、神经损伤、血管损伤、内脏损伤等。

(二)按伤后皮肤或黏膜完整与否分类

运动性损伤可分为开放性损伤和闭合性损伤。开放性损伤即伤处皮肤或黏膜的完整性遭到破坏，受伤组织有伤口与外相通，常有血液或组织液等渗出，如擦伤、刺伤、切伤及撕裂伤等。此类损伤如果处理不当，常会因伤口污染而感染。闭合性损伤即伤处皮肤或黏膜无破损，受伤组织没有伤口与外界相通，如挫伤、关节扭伤、韧带或肌肉拉伤及闭合性骨折等。

（三）按伤后病程时间分类

运动性损伤可分为急性损伤和慢性损伤。急性损伤指一瞬间遭到直接暴力或间接暴力造成的损伤，症状出现迅速，病程较短，如肌肉及韧带拉伤、关节扭伤等。慢性损伤指局部运动负荷量安排不当，长期负担过重超出了组织所能承受的能力，组织多次微细损伤积累而造成的损伤，或急性损伤处理不当致反复发作的陈旧性损伤，如肩袖损伤、髌骨软骨症等。症状出现缓慢，病情迁延较长。

（四）按受伤轻重程度分类

运动性损伤可分为轻度损伤、中度损伤、重度损伤。轻度损伤，受伤后运动员能按原计划进行训练；中度损伤，受伤后门诊治疗，此后短时间内（一般为 1~2 周）不能按原计划进行训练，而需要治疗和暂停患部训练，或减少患部活动；重度损伤则住院治疗，损伤后较长时间不能参加训练和比赛。

三、产生原因

（一）运动性损伤产生的客观因素

1.与运动项目中专项技术的特殊要求有关

运动项目往往都有其规范的技术和合理的战术，一系列技术动作和战略战术对人体有特殊要求。运动创伤的流行病学研究表明，运动创伤的受伤部位及受伤性质与运动项目之间有明显关系。从运动技术来看，人体在完成某一项目或动作时，专项技术对人体的特殊要求是导致运动创伤的原因之一。例如，篮球运动员易伤膝、肩，足球运动员易伤膝、踝，体操运动员易伤肩、肘、跟腱，艺术体操运动员易伤腰和足，举重运动员易伤肩、腰、肘、腕，赛艇运动员易伤腰和膝部等。

2.与人体正常解剖结构的薄弱环节有关

人体自身某些部位在运动中表现出解剖生理弱点。人体重量是用骨骼来支撑的，骨骼因不能直接抵抗外来的撞击，与关节组成一体，起到吸收及减缓冲击力的作用，肌肉覆盖相对较小的小腿部位抵御冲击的能力很弱。常规的行为并不一定直接导致运动性损伤的发生，要达到损伤，有两个致伤条件：一是技术动作错误、不合理。二是违反人体解剖学和生物力学规律，从而导致运动性损伤发生，多为急性损伤。人体的某些局部运动负荷长期过重，超出该组织所能承受的最大程度，也将逐渐发生退行性病理改变，导致慢性损伤。例如，膝关节上下两端骨杠杆较长，周围少有肌肉保护，半屈膝时侧副韧带及关节内十字韧带全处于松弛状态，膝关节周围失去了支撑保护。在对抗撞击的情况下，很容易失去平衡而出现过度的内外翻，一旦翻转超出了人体解剖学和生物力学所能承受的程度时，就会发生膝关节韧带或半月板的急性损伤。半蹲时，膝关节的稳定主要靠股四头肌及髌骨来维持，膝关节进行旋转、屈伸、发力时，髌骨关节软骨面将承受摩擦、挤压、撞击等力的共同作用。此外，膝关节在蹬伸发力、启动、跳跃时，髌骨前面的髌韧带等伸膝装置也会受到强大的牵拉张力，久之，这些力积累并超出了髌骨和髌前伸膝装置所能承受的范围后就势必会使髌骨出现慢性损伤——髌骨劳损。再如，外踝比内踝长，内侧三角韧带比外侧韧带坚强，因此关节的内翻活动较外翻活动大。另外，在背伸的各肌中，使踝关节外翻背伸的第三腓骨肌远不如使踝关节内翻背伸的胫前肌坚强，因此踝关节向内翻的力量大。这些特点就使踝关节容易发生内翻，而造成外侧韧带损伤。

3.训练水平不够

训练水平指一般身体训练、专项技术训练、意志品质训练和战略战术训练的培养。一般身体训练又包括力量、速度、耐力和灵敏性等的训练，如有一个方面缺乏训练，就容易引起运动性损伤。专项技术训练不够，动作要领掌握不好，技术动作不熟练或有错误，易违反身体结构、功能特点和运动时的生物力学原理，引起运动性损伤。意志品质训练及战略战术训练培养不够引起的运动性损伤在运动实践中也可见到。

4.违背科学的训练原则

训练应遵守科学的训练原则，如全面性原则、系统性原则、专项原则、从实际出发原则、循序渐进原则等。如果违背科学的训练原则，急于求成，过早进行高难度动作训练，难免动作错误而造成损伤。运动员在有伤或疲劳的情况下，过早参与运动或进行训练，不仅容易引起新的损伤，而且可使旧伤加重。

5.竞赛和训练组织安排不当

比赛日程安排不当，比赛中临时变更比赛项目或时间，减弱了准备活动的效果，易导致运动性损伤。如马拉松比赛开始较晚，选择过硬的公路或在天气炎热的时间进行等。在训练过程中组织安排不当，尤其在进行器械训练时，缺乏必要的保护，也极易导致运动性损伤。

6.服装、保护器具、场地器材、设备和自然环境的影响

衣着不当可造成损伤。穿着便装运动，影响运动幅度，客观上造成运动不便，也易导致不必要的损伤；穿普通鞋不适合参加运动，因为其运动的范围幅度较小，普通鞋减震性缺乏，对地面的反作用力不能充分吸收和缓冲，通常会造成踝关节的扭伤。场地器材不符合卫生要求，场地太硬或太软，器械固定不良、质量不好，或器械的大小、重量与运动者的年龄、性别不适应，保护器具不符合运动要求等，都会导致伤害事故的发生。不良自然因素，如雨后、雪后路滑，光线不足，气温过低或过高，均易引起运动性损伤。

（二）运动性损伤产生的主观因素

1.准备活动不充分

准备活动即热身活动，它可以提高中枢神经系统的兴奋性，调整赛前状态，提高机体的代谢水平，使体温升高，降低肌肉黏滞性，增强心血管系统和呼吸系统的功能，克服内脏器官的生理惰性，增加皮肤的血流量以利于散热。

未做准备活动或准备活动不充分就参加正式训练或比赛活动，由于神经系统和内脏器官没有充分动员起来，肌肉伸缩能力欠佳，不能很好地释放力量，引起运动员动作不协调，容易受伤。

2.忽视放松活动

运动结束时，如果只是简单地慢跑一下，忽视了局部的调整运动或单纯依赖沐浴来代替放松活动，则不利于运动器官功能的积极性恢复。由于没有足够和正确的放松活动，运动而产生的肌肉僵硬和酸痛等得不到及时的消除，从而逐渐积累而发展成肌肉损伤。这是导致运动性损伤，特别是劳损的一个重要因素。

3.状态不良

过度训练,疲劳未完全消除,或伤病后过早参加训练和比赛,或身体功能和心理状态不良、睡眠和休息不好,使运动员的力量、精确度和协调能力均显著下降。在这种情况下,可能发生运动技术上的错误,引起运动性损伤。此外,随着生理机能的下降,警觉性和注意力减退,机体反应迟钝,也易造成运动性损伤。

四、某些运动项目运动性损伤的特点

(一)篮球运动性损伤的特点

篮球是一种高强度、高对抗的运动,要求运动员全面的体力发展与身体训练。最常见的损伤是因跌倒、跳起抢球落地不正确、急停、急转、冲撞或因场地不平、场地过滑而引起的急性损伤。轻者会小面积擦伤,重者会发生骨折或脱位。另外,在篮球运动中也可发生慢性损伤,其中最影响运动训练与技术发挥的是髌骨软骨病,主要因滑步进攻与防守、急停与踏跳上篮等局部训练过多所致,应引起注意。

篮球运动性损伤大多集中于踝关节、手指关节、膝关节、头面这几个部位。有调查显示,篮球运动中踝关节损伤占 64.3%,手指关节损伤占 18%,膝关节损伤占 8.4%,面部损伤占 7.3%。

(二)健美运动性损伤的特点

健美操是全身性运动,对身体素质要求较高,其易损伤部位是大腿后侧、膝关节、踝关节、腰背部。一般有氧操常见伤病有肌肉及韧带拉伤、关节扭伤、运动性疲劳、心绞痛、脑卒中(中风)、运动腹痛、脚底筋膜炎和神经刺痛、籽骨炎、腰肌劳损、小腿肌痛、半月板损伤、关节炎、颈椎病、胫骨膜炎等。其他健美操如踏板操,主要引起肌腱炎、小腿肌痛、胫骨炎、植骨痛、膝盖和髌腱伤、籽骨痛、籽骨炎等。热舞、有氧舞容易受伤的部位是胫骨、脚、背、踝等,最常见的是拉伤或扭伤。

(三)羽毛球运动性损伤的特点

羽毛球运动要求反应的敏捷性、关节的柔韧性和肌肉的爆发力。相对网球的发力击球动作而言,羽毛球运动的挥拍击球动作更强调肘、腕的发力和灵活性。因此，身体的负担主要集中在肘、腕和腰部的肌肉，肩部、踝部和髋部损伤较少见。

（四）足球运动性损伤的特点

足球运动是损伤发生率最高的运动项目之一。损伤中除一般常见的擦伤及挫伤外，踝关节的扭伤最常见，其次是大腿前后肌肉拉伤、挫伤，膝关节损伤又次之。其中半月板破裂、膝十字韧带撕断、髌骨骨折、髌骨软骨病等虽比较少见，但一旦发生，治疗较困难。根据我国学者的研究，足球运动中大约47.8%的损伤属于轻伤，19%的损伤属于中等伤，只有3.2%的损伤是重伤，受伤部位约86%是在四肢。

第二节　运动性损伤的急救

一、急救的概念

急救是由其他人给予受到严重伤害或突然生重病的人的紧急救护。当有任何意外或急病发生时，施救者在医护人员到达前，按医学护理的原则，利用现场适用物资临时及适当地为伤病者进行初步救援及护理，然后从速送往医院。

急救的目的在于抢救生命，减少痛苦，防止伤情加重，预防并发症，正确而迅速地把伤病员转送到医院，为进一步治疗创造条件。

二、常见运动性损伤的急救方法

（一）休克的急救

休克是一种急性综合征。在这种状态下，全身有效循环血流量减少，微循环出现障碍，导致重要的生命器官缺血、缺氧，器官需氧量与得氧量失调。

休克可按以下程序进行急救：

（1）让休克者平卧，安静休息，下肢应略抬高，以利于静脉血回流。如呼吸困难，可将头部和躯干抬高一点，以利于呼吸。

（2）保暖防暑，注意通风。在户外可先将患者转移到阴凉通风处，注意给体温过低的休克者盖上被毯保暖,伴发高热的感染性休克者应给予物理降温。

(3)保持呼吸道通畅,维持呼吸功能。可将患者颈部垫高,下颌抬起,使头部最大限度地后仰,同时头偏向一侧,以防呕吐物和分泌物误吸入呼吸道。

(4)意识清醒又无消化道损伤者,酌情给予适当盐水。

(5)可用针刺或其他手法掐按人体急救穴位,如人中、百会、合谷、涌泉等。

(6)对症治疗,如止血、包扎固定、止痛等。创伤性骨折所致的休克患者应给予止痛、骨折固定,烦躁不安者可给予适当的镇静剂,心源性休克者给予吸氧等。

(7)注意患者的运送,并尽快送往有条件的医院抢救。

(二)出血的急救

血液是维持生命的重要物质。当受外伤引起大出血,出血量超过全身血量的1/3时,生命就会有危险。遇到外伤出血的患者,应及时予以止血与包扎。

外伤出血按血管的种类分为动脉出血、静脉出血和毛细血管出血三种。外伤出血的临床表现如下。

(1)动脉出血:因为动脉血管内压力较高,所以出血时呈泉涌、搏动性,尤其是大的动脉血管破裂,血液呈喷射状,颜色鲜红,常在短时内造成大量失血,有生命危险。

(2)静脉出血:血液缓缓地不断外流,呈紫红色。如大静脉出血,往往受呼吸运动的影响,吸气时流出较缓,呼气时流出较快。

(3)毛细血管出血:血液呈水珠样流出,多能自动凝固止血。

(三)外出血止血法

常见的外出血止血法有冷敷、加压包扎、加垫屈肢、抬高伤肢、止血带止血、直接指压止血、间接指压止血。

(1)冷敷。寒冷致使血管收缩,起到止血作用。在止消化道出血时,间断喝些冰水,疗效远胜于一般止血药。又如外伤血肿,立即局部冰敷,可防止血肿进一步扩大。

(2)加压包扎。先用消毒纱布垫覆盖伤口,再用棉花团、纱布卷、毛巾、帽子等折成垫子,放在伤口敷料上面,然后用三角巾或绷带包扎,以达到止血目的为度。伤口有碎骨存在时,禁用此法。此法用于小动脉、静脉及毛细血管出血。

(3)加垫屈肢。

①前臂或小腿出血,可在肘窝或腘窝放纱布垫、棉花团、毛巾、衣服等物,屈曲关节,用三角巾或绷带将屈曲的肢体紧紧缠绑起来。

②上臂出血,可在腋窝加垫,使前臂屈曲于胸前,用三角巾或绷带把上臂紧紧固定在胸前。

③大腿出血,在大腿根部加垫,屈曲髋关节和膝关节,用三角巾等将腿紧紧固定在躯干上。

但是,有骨折和怀疑骨折、关节损伤的肢体不能用加垫屈肢止血,以引起骨折端错位和剧痛。使用时要注意肢体远端的血液循环,要每隔 1 小时左右慢慢松开 1 次,观察 3~5 分钟,防止肢体坏死。

(4)止血带止血法。止血带止血法用于四肢较大动脉的出血。止血带效果较好,但一般在用其他方法无效时才使用,因为止血带可能造成肢体缺血残疾,故使用时要特别小心。止血带有皮制的和布制的两种,如果没有止血带,亦可用宽带、三角巾或撕下衣服等代替以备急需。

绑扎的部位:上臂避免在中 1/3 处绑扎,因为此处易伤及神经而引起肢体麻痹。上肢应扎在上 1/3 处,下肢应绑扎在大腿中下 1/3 处。为防止远端肢体缺血坏死,在一般情况下,时间不超过 2~3 小时,每隔 40 分钟左右松解 1 次,以恢复血液循环,松开止血带之前用手指暂时压迫止血,将止血带松开 1~2 分钟之后再绑扎到原处附近的地方。松解时仍出血明显者,不再在运送途中放松止血带,以免加重休克。如肢体伤重已不能保留,应在伤口近心端绑止血带,不必放松,直至截肢。上好止血带后,在伤者明显部位加上标记,注上绑扎止血带的时间,同时尽快送医院处理。严禁用细绳、电线、铁丝等代替止血带。

(5)指压止血法。用手指在伤口近心端进行较为浅表的动脉压迫,用力将动脉血管压在骨骼上,中断血液流通达到止血的目的,指压止血是较迅速有效的一种临时止血方法,止住出血后,需立即换用其他止血方法。

①颞浅动脉止血:用拇指或食指在耳屏前上方正对下颌关节处,摸到搏动点后用力压。该法用于头顶及颞部的出血。

②颌外动脉止血:用拇指或食指在下颌角前约半寸处,将颌外动脉压在下颌骨上。该法用于腮部及面部的出血。

③颈总动脉止血:把拇指或其余四指放在气管外侧与胸锁乳突肌前缘之间的

沟内可触到颈总动脉,将伤侧颈总动脉向颈后即第 5 颈推方向上压迫止血。该法用于头、颈部大出血,但常在头、颈部大出血而采用其他止血方法无效时使用。止血时禁止同时压迫两侧颈总动脉,防止脑缺血。

④锁骨下动脉止血:拇指在锁骨上凹摸到动脉搏动处,其余四指放在受伤者颈后,用拇指在凹处下压,将动脉血管压向深处的第 1 肋骨上止血。该法用于腋窝、肩部及上肢的出血。

⑤尺桡动脉止血:伤者手臂抬起,用双手拇指或一只手拇指、食指分别压迫于手腕横纹上方内、外侧尺桡动脉搏动点止血。该法用于手部出血。

⑥肱动脉止血:令伤者上肢外展,屈肘,抬高上肢,用拇指或四指在上臂上 1/3 处即二头肌内侧沟处施以压力,将肱动脉压于肱骨上即可止血。该法用于手、前臂及上臂下部的出血。

⑦股动脉止血:在腹股沟中点稍下方,大腿根处可触摸到股动脉搏动点,用双手的拇指重叠施以重力压迫止血。该法用于大腿部、小腿、脚部的动脉出血。

(6)填塞止血:用急救包、棉垫或消毒的纱布填塞在伤口内,再用加压包扎法包扎。该法用于大腿根部、腋窝、肩部、口、鼻、宫腔等部位的出血。

(四)骨折的急救

骨折通常分为开放性骨折和闭合性骨折两大类。开放性骨折指骨折处有伤口,骨折端与外界连通;闭合性骨折指皮肤软组织相对完整,骨折端没有和外界连通。全身各个部位都可发生骨折,但最常见的还是四肢骨折。一旦怀疑有骨折,应尽量避免患处的活动,进行合理的固定和搬运,同时必须遵循骨折急救的几项原则。

(1)抢救生命。严重创伤现场急救的首要原则是抢救生命。无论骨折与否,如发现伤员心跳、呼吸已经停止或濒于停止,应立即进行胸外心脏按压和人工呼吸等急救措施。开放性骨折伤员伤口处可有大量出血,一般可用敷料加压包扎止血。如遇有生命危险的骨折者,应尽快运往医院救治。

(2)伤口处理。开放性伤口的处理除了及时适当地采取止血措施外,还应立即用消毒纱布或干净布包扎伤口,以防止伤口继续被污染。伤口表面的异物要取掉,外露的骨折端勿推入伤口,更不能将脱落的骨片塞回,以免污染深层组织。有条件者最好用消毒液冲洗伤口后再包扎、固定,暴露伤口应剪开衣服,不能脱。

(3)简单固定。正确固定断肢,可减少伤员的疼痛及周围组织的继续损伤,同时也便于伤员的搬运和转送。急救时的固定是暂时的,应力求简单而有效,不要求对骨折准确复位。开放性骨折有骨端外露者更不宜复位,而应原位固定。急救现场可就地取材,如木棍、板条、树枝、手杖或硬纸板等都可作为固定器材,固定时板子长度以超过骨折断端上下两个关节为准。如找不到固定的硬物,也可用布带直接将伤肢绑在身上,骨折的上肢可固定在胸上,使前臂悬于胸前。固定的松紧度以绑带上下活动 1 厘米为宜,固定后露出肢端,以便观察血液循环情况。

(4)必要的止痛。一般来说,骨折会带来强烈的疼痛,强烈的疼痛刺激可引起休克,因此应给予必要的止痛药。可口服止痛片或注射止痛剂,如一定剂量的吗啡或哌替啶等;但有脑、胸部损伤者不可注射吗啡,以免抑制呼吸中枢。

(5)安全搬运。经以上现场救护后,应将伤员迅速、安全地转运到医院救治。转运途中动作要轻,防止震动和碰坏伤肢。注意保暖和适当地活动。常用的搬运方法有徒手搬运和担架搬运两种。

徒手搬运。一般只在短距离时使用,如从受伤处转移至担架上时,或是紧急情况,如脱离火场时。胸、腰椎骨折患者搬运时,3~4 人蹲在伤者一侧,分别托住肩背部、腰臀部和并拢双下肢,在统一口令下,协同将伤者平移或搬上担架。颈椎骨折时,其他与前者相同,但需另加一人负责固定头部,轻轻纵向牵引,始终保持头部与躯干成一直线。骨盆骨折,胸、腰椎骨折,股骨骨折,必须有一人帮助搬动患肢,轻轻纵向牵引。

担架搬运。担架搬运适合一切重伤员。徒手搬运至担架后,除骨折固定外,骨盆骨折患者应仰卧屈膝,膝下垫衣物。如合并胸外伤或脑外伤但无颈椎受伤时,头应偏向一边,以防止吐物。颈椎骨折的搬运要避免摇晃,患者仰卧于硬板上,颈下垫薄枕,颈两侧垫衣服,以免头摇晃。

骨折患者的搬运需注意:首先,除必要的脱离受伤环境和送医院所需的搬运外,应尽量避免搬动骨折患者。患者如果情况较好,应尽量等待专业医务人员来搬运。其次,搬运人员动作要协调一致,尽量保持患者的平稳,避免单纯追求速度而导致伤情加重。注意清除患者身上可能妨碍搬运或可能导致挤压的物品,如钥匙、手表、手机等。

股骨骨折的急救:一个人按住患者的骨盆部;另一个人站在患者伤肢脚端,一只手托住脚跟,另一只手握住脚背,顺着大腿的方向缓慢牵拉伤肢,用力要大。如果要抬起伤腿，除一人牵引外，另一人在大腿下部及小腿处托住，然后再抬起。第三个人找几块三角巾或现场的宽布条、毛巾、围巾等，叠成宽条，一条放在背部，一条放在大腿上方，一条放在膝盖处，一条放在小腿，分别压在患者身体下面。之后取两块长而窄的木板（可找扁担、长木棍等代用）。每块木板的两端用棉花、毛巾或布块包住后，将长木板放在大腿外侧，上达腋窝，下至脚跟，而短木板放在大腿内侧，上达大腿根部，下至脚跟。最后分别结住布条的两头，将夹板固定。固定结实后，可找些棉花、衣物等塞入膝盖旁，以免突出的骨块与木板相碰引起疼痛。三个人相互配合，一人托头和后背，一人托腰和臀部，一人托大腿和小腿。三人一起用力，将患者平稳抬起，平放在担架上，后抬送到医院。

（五）关节脱位的急救

关节脱位指因外力或其他原因造成关节各骨的关节面失去正常的对合关系。通常是因外伤而致关节囊破裂及韧带损伤，使两骨之间的正常解剖关系发生改变。这种脱位又称外伤性关节脱位。如果脱位的关节面彼此完全不相接触，称为完全脱位；如果尚有部分接触，即称为不完全脱位。

关节脱位的原因有直接外力和间接外力作用，以间接外力多见。关节脱位以肩、肘、髋、下颌、手指等部位最易发生。脱位的症状主要是伤后关节畸形、疼痛，无伴发骨折时，局部血肿不明显，在浅表的关节可摸到光滑的关节面，关节活动丧失，有时伴有血管神经损伤。一般发生脱位时，可能突然发出声音。

关节脱位的急救通常按照以下程序进行：

（1）立即制动，避免再度跌倒受伤。可帮助患者坐下或躺下，检查是否有其他损伤，检查脉搏，保持情绪稳定和环境安静，保暖并防止休克。

（2）将患部固定在最合适的位置。肩关节前脱位可将患肢肘关节屈曲90°，取两条三角巾，一条用大悬臂带将患肢吊于胸前，另一条折成宽带后，包绕患肢上臂，在侧腋下打结。肘关节后脱位有两种急救方法：一种方法是将一钢丝夹板弯成135°左右，置于患肘后用绷带缠绕扎紧，用小悬臂带悬于胸前；另一种方法是用两条三角巾折成宽带，一条悬挂患臂后斜挎于背部，在肩上打结，另一条则绕过患肢上臂后在侧腋下打结。髋关节后脱位可参照股骨骨折的急救固定方法，固定后用担架转送医院进行整复。

（3）使用冷湿布，不要自行强硬地将脱出的部位整复原状。脱衣时，记得应先从健康的一只手开始；相反，在穿衣服时，应由患部的一侧先穿。

(4)关节脱位有可能会连带骨折，一旦发生应及早接受医生的治疗，整复原状。

（六）心肺复苏

心肺复苏是针对呼吸、心跳停止的急症危重患者所采取的关键抢救措施，当人体受到意外的严重损伤，如外伤性休克、溺水等时，可能导致呼吸和心跳骤然停止，此时如不及时抢救，伤员就会有生命危险。现场急救最重要的心肺复苏手段就是人工呼吸和胸外心脏按压。

按照最新的国际标准，心肺复苏流程有以下几个步骤：

(1)评估和确认现场安全，急救者在确认现场安全的情况下轻拍患者的肩膀，并大声呼喊确认患者是否有意识，观察其胸部起伏或触及口鼻处检查患者是否有呼吸。如果没有呼吸或者没有正常呼吸只有喘息时，立刻采用心肺复苏手段。

(2)启动紧急医疗服务。急救者拨打医院急救电话。

(3)脉搏检查。对非专业人员，不再强调训练其检查脉搏，只要发现无反应的患者没有自主呼吸就应按心搏骤停处理。对医务人员，一般以食指和中指触摸患者颈动脉以感觉有无搏动（触摸点在甲状软骨旁胸锁乳突肌沟内）。检查脉搏的时间一般不超过 10 秒，如 10 种内仍不能确定有无脉搏，应立即实施胸外心脏按压。

(4)胸外心脏按压。确保患者仰卧于平地上或用胸外按压板垫于其肩背下，急救者可采用跪式或使用踏脚凳，将一只手的掌根放在患者胸部的中央，即胸骨下半段上，将另一只手的掌根置于第一只手上，手指不接触胸壁。按压时双肘伸直，垂直向下用力按压。成人按压频率至少为 100 次/分钟，下压距离在 4~5 厘米，每次按压之后应让胸廓完全恢复。按压时间与放松时间基本相同，放松时掌根部不能离开胸壁，以免按压点移位。

(5)开放气道。《2010 美国心脏协会心肺复苏及心血管急救指南》中有一个重要改变，即在通气前就要开始胸外心脏按压。采用 30：2 的按压通气比开始心肺复苏能使首次按压延迟的时间缩短。有两种方法可以开放气道提供人工呼吸：仰头抬颏法和推举下颌法。后者仅在怀疑头部或颈部损伤时使用，因为此法可以减少颈部和脊椎的移动。遵循以下步骤实施仰头抬颏法；将一只手置于患者的前额，然后用手掌推动，使其头部后仰；将另一只手的手指置于颏骨下方；提起下颌，使颏骨上抬。注意在开放气道的同时应该清除患者口中的异物或呕吐物，并取出义齿（假牙）。

（6）人工呼吸。人工呼吸是指以人为的方法，运用肺内与大气压之间的压力差，使呼吸骤停者获得被动式呼吸，获得氧气，排出二氧化碳，维持最基础的生命。施救人员给予人工呼吸前，正常吸气即可，不需要深吸气。所有人工呼吸均应持续吹气 1 秒以上，保证有足够量的气体进入并使胸廓起伏。如第一次人工呼吸未能使胸廓起伏，可再次用仰头抬颏法开放气道，给予第二次通气。过度通气可能有害，应避免。实施口对口人工呼吸是借助急救者吹气的力量，使气体被动吹入肺泡，通过肺的间歇性膨胀，以维持肺泡通气和血液氧合作用，从而减轻组织缺氧和二氧化碳滞留。方法为：将患者仰卧置于稳定的硬板上，托住颈部并使头后仰，用手指清洁其口腔，以清除气道异物。施救者以右手拇指和食指捏紧患者的鼻孔，用自己的双唇把患者的口完全包绕，然后吹气 1 秒以上，使胸廓扩张。吹气毕，施救者松开捏鼻孔的手，让患者的胸廓及肺依靠其弹性自主回缩呼气，同时均匀吸气，以上步骤再重复一次。如患者面部受伤，则不适合进行口对口人工呼吸，可进行口对鼻通气。深呼吸一次并用嘴封住患者的鼻子，抬高患者的下巴并封住口唇，对患者的鼻子深吹一口气，施救者移开嘴并用手将患者的嘴敞开，这样气体可以出来。在建立了高级气道后，每 6~8 秒进行一次通气，而不必在两次按压间才同步进行（即呼吸频率为 8~10 次/分钟）。在通气时，不需要停止胸外心脏按压。

（7）除颤。心室颤动是成年人心搏骤停最初发生的、较为常见的、迅速而没有规律的异位心律失常。80%~90%的心搏骤停是由心室颤动引起的，只做心肺复苏不能终止心室颤动，电除颤是最好的办法。如果能在意识丧失的 3~5 分钟内立即实施心肺复苏及除颤，存活率是最高的。每推迟 1 分钟，存活率下降 7%~10%。

心肺复苏的有效指标：①按压时在颈、股动脉处应摸到搏动，收缩压在 90 mmHg以上；②面色、口唇、指中床及皮肤等色泽转红；③扩大的瞳孔再度缩小；④呼吸改善或出现自主呼吸。只要有①或②项有效指标出现，胸外心脏按压就坚持下去。

三、急救包扎法

包扎是外伤现场应急处理的重要措施之一。及时正确的包扎，可以达到压迫止血、减少感染、保护伤口、减少疼痛、固定敷料和夹板等目的。相反，错误的包扎可致出血增加、感染加重，造成新的伤害、遗留后遗症等不良后果。包扎的动作要柔和、熟练，包扎的松紧度应适中，过紧会妨碍血液循环，过松则起不到包扎的作用。绷带包扎要从伤部远端开始，包扎结束时，绷带末端要用胶布黏合固定或将绷带末端纵向剪为两半，纵向剪开缚结固定，但缚结不要在伤口处。

（一）绷带包扎法

根据包扎部位的形态特点，采用不同的包扎方法。

(1)环形包扎法：用于包扎肢体粗细均匀的部位，如手腕、小腿下部和额部等，也是其他包扎法开始或结束时使用的手法。包扎时，先张开绷卷带，把带头斜放在伤肢上并用拇指压住，将卷带绕肢体一圈后，再将带头的一个小角反折，然后继续绕圈包扎，每圈都盖住第一圈，包扎 3~4 圈即可。

(2)螺旋形包扎法：用于包扎肢体粗细相差不大的部位，如上臂、大腿下部等。包扎时先做 2~3 圈环形包扎，然后将绷带向上斜形缠绕，每圈都盖住前一圈的 1/3~1/2。

(3)反折螺旋形包扎法：用于包扎肢体粗细相差较大的部位，如前臂、小腿、大腿等。包扎时，先做 2~3 圈环形包扎，然后用左拇指压住绷带上缘，将绷带向下反折，向后绕并拉紧绷带，每圈反折 1 次，后一圈压住前一圈的 1/3~1/2。反折处不要在创口或骨突上。

(4)“8”字形包扎法：多用于包扎肘、膝、踝等关节处。方法有二：一是先在关节处环形包扎几圈，然后将绷带斜形缠绕，一圈在关节上方缠绕，一圈在关节下方缠绕，两圈在关节凹面相交，反复进行，逐渐离开关节，每圈压住前一圈的 1/3~1/2，最后在关节上方或下方以环形包扎结束。二是先在关节下方环形包扎几圈后，将绷带由下而上，再由上而下地来回做“8”字形缠绕，使相交处逐渐靠拢关节，最后以环形包扎结束。

（二）三角巾包扎法

三角巾应用方便，适用于全身各部位的包扎。这里只介绍手、足和头部包扎法。

(1)手部包扎法：三角巾平铺，手指对向顶角，将手平放在三角巾的中央，底边横放于腕部。先将三角巾顶角向下反折，再将三角巾两底角向手腕背部交叉绕一圈,在腕背打结。

(2)足部包扎法:与手部包扎法基本相同。

(3)头部包扎法:三角巾底边置于前额,顶角在后,将底边从前颚绕至头后,压住顶角并打结。若底边较长,可在枕后交叉后再绕至前颚打结。最后把顶角拉紧并向上翻转固定。

(三)前臂悬挂法

此法分大、小悬臂带两种。

(1)大悬臂带:常用于除锁骨和肱骨骨折以外的其他上肢损伤。将三角巾的顶角置于伤肢的肘后,一底角拉向健侧肩上,伤肢屈肘90°,前臂放在三角巾的中央,再将三角巾的另一底角向上翻折并包住前臂,两底角在颈后打结,最后拉直顶角并向前折回,用胶布粘贴固定。

(2)小悬臂带:常用于肱骨或锁骨骨折。先将三角巾折叠成约四指宽的宽带,也可用宽绷带或软布带代替。将宽带的中间置于前臂的下1/3处,屈肘90°,宽带的两端在颈后打结。

第三节　运动性损伤的一般处理方法

无论何种运动性损伤,都要进行有针对性的处理,需要用西医药物、手术等进行治疗。我国传统中医学的治疗也是相当重要且疗效显著的手段。本节将常见的药物治疗和物理治疗的处理方法汇总,概括性地阐述一些一般性处理方法。

一、药物治疗

药物治疗指将一切有治疗或预防作用的物质作用于机体,使疾病好转或痊愈,保持身体健康。通常分为西药和中药两种治疗方法。

(一)西药治疗

常用药物有红药水、紫药水、碘酒、酒精、0.9%氯化钠注射液(生理盐水)、过氧化氢溶液、雷夫努尔消毒液、抗生素药膏、松节油、樟脑油等,用于开放性损伤的治疗。注射常用药物有一定剂量的盐酸普鲁卡因、肾上腺皮质激素类药，用于闭合性损伤或手术治疗；常用的口服西药主要是一些解热镇痛药，如复方阿司匹林、酮洛芬（优布芬）、对乙酰氨基酚（扑热息痛）、布洛芬（芬必得）等。

（二）中药治疗

中药是指在中国传统医术指导下应用的药物，均有较为固定的药物配方，有内服和外敷之分。中药常用于软组织损伤，主要是闭合性的肌肉、韧带、关节囊的损伤等。损伤在不同时期中局部的病理变化不同，其用药也不相同。

1.急性损伤

在损伤后 24 小时内，局部的主要病理变化为组织撕裂或断裂，小血管破裂出血，外部表现为肿胀、疼痛、功能障碍等。此时除了进行局部冷敷、加压包扎、抬高患肢等急救处理外，还可酌情用中药进行治疗，达到“止血、凉血、止痛”的目的。

外敷可选用止血定痛散（黄柏 25 克、玄胡 15 克、血竭 3 克、蒲黄 20 克、白芷 10 克、甘草 10 克共研细末，用冷水调敷患部，每天更换 1 次）。使用中药外敷要注意观察，如皮肤过敏，必须及时停药。急性损伤还可选用内服的有止血、止痛和散瘀功效的中药，如三七片、玄胡止痛片、云南白药等。损伤后 24~48 小时，局部出血停止，血管通透性增高，较多液体渗出，形成肿胀，肿胀对神经产生压迫和牵拉，疼痛进一步加重。外部表现为红、肿、热、痛和功能障碍等。此时根据不同病情可外敷具有退热、防肿、止痛、通筋活血功效的中药，如 1 号伤药、活血生新剂等；同时内服可以去寒、活血化瘀、消肿止痛的中药，如三七片、云南白药、七厘散、桃红四物汤、复元活血汤等。

2.慢性损伤

慢性损伤包括慢性劳损和陈旧性损伤。慢性劳损多因局部长期劳累过度或肌纤维多次微细损伤积累而成，一般与职业性质和运动项目有关；陈旧性损伤是指急性损伤未能及时和正确地治疗，或未治愈又再次受伤，由于受伤组织未能及时重新生长修复或修复不良，会反复发病出现症状，如疼痛、酸胀、组织僵硬、活动受限等。根据不同时期的病变特点，常选用旧伤药，具有舒筋、消肿止痛、续断生新的疗效。另外，“续筋接骨”的中药对关节脱位、骨折也有一定的疗效。

二、物理治疗

物理治疗简称“理疗”，是应用天然或人工的物理因素作用于人体以进行治疗、预防、保健和康复的方法。常见且适用于运动性损伤的物理治疗方法有以下几种。

（一）冷疗法

冷疗法指运用比人体温度低的物理分子（如冷水、冰、蒸发冷冻剂等）刺激来进行治疗的一种物理疗法。

1.作用

冷疗法通过降低组织温度，使周围血管收缩，减少局部血流量及伤部血液渗出，降低神经传导速度，故有止血、退热、止痛和消肿的作用。在进行冷疗的过程中，局部可能有感到寒冷、疼痛减轻和麻木等情况。

2.方法

将毛巾用 1~15℃冷水浸透后敷在伤部，约 2 分钟换 1 次或将冰块装入袋内进行外敷，每次 20 分钟左右。也可直接用自来水冲淋或将伤部泡入冷水，或用冰块摩擦伤部，但时间应缩短。有条件者，可用冷镇痛气雾剂喷涂伤部。常用的为烷类冷冻喷射剂，使用时应距离皮肤 20~30 厘米，垂直喷射，时间为 5~10 秒。有时为了加强效果，可在第一次喷射 20 秒后再喷射一次，但喷射次数不能过多，一般不超过 3 次，以免发生冻伤。

3.适应症

冷疗法主要用于急性闭合性组织损伤的早期，即在损伤后 24~72 小时使用。

4.注意事项

冷疗法应在伤后尽快使用，越早越好；需要严格控制治疗时间，并注意观察受伤部位的情况，如患者感到皮肤麻木，应停止使用，防止组织冻伤。面部损伤不宜用此法，不可在已经丧失感觉的部位冷敷。在对冷敏感的部位进行冷敷时，有些人会出现皮肤发红、瘙痒、起水疱等现象，应注意观察和避免，不可在开放性损伤部位进行冷敷。

（二）热疗法

热疗法指运用比人体温度高的物理分子（如传导热、辐射热等）刺激来进行治疗的一种物理疗法。

1.作用

热疗法可使局部血管扩张，加快血液循环和淋巴循环，加强新陈代谢，提高组织兴奋性，缓解肌痉挛，促进淤血和渗出液的吸收，加速坏死组织的消除，因而有消肿、止痛、散瘀、减少粘连和促进损伤愈合的作用。

2.方法

最简便易行的热疗法是热敷。将毛巾用热水或热醋浸透置于伤部，无热感时更换，每次约半小时，每天1~2次；也可用布袋装沙或用热水袋进行热敷。其次可用熏洗法，用配好的药物加水煮沸，用蒸汽熏洗患部，然后等温度适宜后，将患部放入水中浸泡，每次洗浴20~40分钟，每天1次。

3.适应症

热疗法适用于急性闭合性软组织损伤的中后期（视病情而定，一般在损伤发生24~72小时）以及慢性损伤。

4.注意事项

注意避免发生烫伤，如有皮肤过敏，应停止治疗。高热、恶性肿瘤、严重的感染性疾病、有出血倾向者及急性软组织损伤的早期，禁止使用热疗法。

（三）拔罐疗法

拔罐疗法是以罐为工具，借热力排除罐内空气，造成负压，使罐吸附在皮肤上，产生温热刺激并引发局部毛细血管扩张和皮下瘀血以治疗伤病的一种方法。此方法简便易行，是中医传统疗法之一。

1.操作方法

使用拔罐疗法时，一般取伤部阿是穴及附近的穴位。然后根据拔罐部位，选择大小合适的，用镊子夹着点燃的酒精棉球或纸片，伸入罐内绕壁一周迅速抽出，立即将罐吸附在应拔部位即可，或者将酒精棉球或纸片点燃后投入罐内，迅速将罐罩在患位。后者只适用于侧面横拔，否则，会因燃烧物落下而烧伤皮肤。一般留罐

10分钟,若气候炎热,留罐时间应短,气候寒冷时则可延长。一般待局部皮肤充血、瘀血呈紫红色即可取罐。隔天1次,5~7天为1个疗程。取罐时,以一只手压住罐周边皮肤,使气进入罐子,即可取下。不可硬拉旋转,以免损伤皮肤。

2.适应症

拔罐疗法适用于慢性损伤、风寒湿痹症、急性闭合性软组织损伤晚期等。若为局部软组织肿大,可配合针刺后拔罐,肿痛消退较快。

3.注意事项

伤员体位应舒适、适当,拔罐部位一般以肌肉多、毛发较少的部位为宜。皮肤过敏、水肿、出血性疼痛者以及孕妇下腹、下腰部、心脏搏动处均不宜拔罐。应注意不要将火罐罐口烧烫,以免烫伤皮肤。若拔罐时伤员感到局部紧而痛,或有烧灼感,应取下罐子检查是否有烫伤或罐吸附太紧致皮肤损伤。如是,则应另换部位或停止操作。若伤员出现头晕、恶心、面色苍白等不适症状,应立即起罐,让伤员平卧休息片刻。

(四)手法治疗

手法治疗指通过各种徒手力量或借助简单器械作用于人体的局部,达到预防和治疗疾病目的的方法。运动性损伤的治疗一般以中医推拿按摩手法治疗为主。手法治疗是一项适宜大众的、效果较好的治疗运动性损伤的方法,适用于急性闭合性损伤中后期、慢性损伤,特别是劳损。

(五)针灸疗法

针灸是针法和灸法的总称。针法是在中医理论的指导下将针具(通常指毫针)按照一定的角度刺入患者皮下,运用捻转与提插等针刺手法来刺激人体特定部位从而达到治疗疾病的目的。灸法是运用燃烧着的艾绒,温灼穴位所在的皮肤表面,利用热刺激来治疗疾病。针灸是中国特有的治疗疾病的手段,是“内病外治”的医术。

1.操作方法

按照就近取穴和循经取穴的原则行针。行针即将针刺入腧穴后为使之得气,调节针感和进行补泻而施行的各种针刺手法。针灸可分为针刺法、电针法和灸法等，基本手法有提插法和捻转法。提插法是指将针刺入腧穴一定深度后，施以上提下插动作的操作手法，要求指力均匀一致，幅度不宜过大，频率不宜过快（一般60次/分钟左右），保持针身垂直，不改变针刺角度、方向和深度。捻转法是指将针刺入腧穴一定深度后，施以向前向后捻转动作的操作手法。使用捻转法时，指力要均匀，角度要适当（一般应掌握在180°左右），不能单向捻针，否则针身易被肌纤维等缠绕，导致局部疼痛和滞针而使出针困难，进针后，患者自觉在针刺部位出现酸、麻、胀、重的感觉，称为“得气”。

电针是在针刺入穴位后通以电流，依靠电刺激加强疗效的方法。

灸法则是将艾条的一端点燃，对准应灸的腧穴部位或患处，距皮肤2~3厘米，进行熏烤，使患者局部有温热感而无灼痛。一般每处灸10~15分钟，至皮肤出现红晕为度。

2.适应症

灸法类似于热疗法，能促使局部血管扩张，改善血液循环和淋巴循环，促进瘀血和渗出液的吸收，具有消肿、散瘀、镇痛、减少粘连和促进损伤愈合等作用。此方法适用于急性闭合性软组织损伤的中期、后期和慢性损伤。而针法有补法和泻法之分，它对损伤后局部血瘀气滞引起的经络不通、肌肉经络受损、淤阻脉络引起的疼痛及肿胀有非常好的疗效。针刺疗法具有操作方便、成本低、疗效迅速、对人体无毒副作用等特点。针法广泛运用于运动性损伤的各个治疗期，特别是针刺急救穴位的方法是有效的现场急救。

3.注意事项

伤者在过于饥饿、疲劳及精神紧张时，不宜立即进行针刺治疗。治疗时如伤者出现电击样放射感，应立即停针或退针少许，以免损伤神经。在颈项部、胸背部治疗时一定要了解局部解剖情况，切忌乱刺、深刺。此外，注意观察伤者的面色、意识等。如有晕针的情况应立即停止治疗。

（六）红外线疗法

红外线可分为远红外线与近红外线两种，前者多作用于皮肤表皮组织，后者可穿入人体深层组织。两者均借助温热效应改善局部神经和肌肉的血液循环，有利于营养物质的吸收和代谢产物的排泄。红外线疗法主要适用于急性软组织损伤中晚期和慢性软组织损伤，如肌肉劳损、慢性关节炎等。

（七）超短波疗法

超短波疗法是应用波长 1~10 米、频率 30~300 兆赫的超高频电场作用于人体而治疗疾病的方法。在高频电场的作用下，偶极子内的电荷产生定向移动形成位移电流，在高速旋转、振动、摩擦中形成以介质损耗为主的热效应，同时产生非热效应。非热效应在炎症性疾病、组织损伤治疗中具有重要临床意义。它能促进血液循环，增强皮肤组织的免疫应答能力，抑制疼痛感受器的兴奋性，促进组织修复和伤口愈合。其治疗时间一般为 10~15 分钟，适用于软组织损伤、肌筋膜炎、关节运动性损伤、关节滑膜炎、关节积液等。

注意事项：有出血或出血倾向性疾病、局部有金属异物、安装有心脏起搏器、心功代偿不全的患者禁用。治疗过程中注意监测，如果感觉过热应终止。患者应在木床和木椅上治疗，治疗室应铺木地板，头面、眼、睾丸部位不得进行温热量与热量治疗，移动电话等精密电子仪器应远离高频电治疗仪。

（八）磁疗法

磁疗法是利用磁场作用于机体或穴位来治疗疾病的方法。其作用机制是通过磁场对机体内生物电流的分布、电荷的运行状态和生物高分子的磁矩取向等方面的影响而产生生物学效应和治疗作用。疗法分为静磁场疗法、动磁场疗法、磁阵疗法，有镇痛解痉、消肿消炎、镇静安神、软化瘢痕等作用，适用于运动训练中出现的软组织挫伤、肌纤维组织炎、颈腰椎疾病、跟骨骨刺、骨折愈合迟缓、关节炎与关节损伤、肱骨外上髁炎、神经痛等。注意心脏安装有起搏器、局部有金属异物、对磁疗有明显不良反应或皮肤过敏者禁用。而眼部、头面部、胸腹部等部位和老年人、幼儿、体弱者、高血压病患者不宜实施此法。

其他理疗方法，如超声波疗法、光疗法、高频电疗法等，对相应的运动性损伤也有较好的疗效。

第四节　常见的运动性损伤

一、开放性软组织损伤

（一）擦伤

擦伤是普通人群在运动中最容易发生的损伤之一。它是指身体与粗糙物体相互摩擦所引起的皮肤表层的损伤。擦伤时皮肤表层剥脱，创面见点状渗血、渗液。若身体某部位在裸露的情况下被不洁的物体擦伤，伤口处还可能粘附有灰沙、泥土等不洁物，易发生感染。感染的伤口创面可见脓性分泌物，或形成肤痂覆盖在创面上。

根据擦伤的部位、面积、深浅，以及伤口是否被污染等情况，采用不同的处理方法。伤口面积小而浅且无污染时，在用0.9%氯化钠注射液（生理盐水）清洁伤处后，可直接涂皮肤外用消毒剂。常用的皮肤外用消毒剂有碘酒（2%碘配溶液）、0.1%苯扎溴铵溶液（新洁尔灭）等。伤口面积大而深且有感染时，应先用碘酒消毒伤口周围的皮肤，再用75%的酒精脱碘，然后用生理盐水清洁创面。若伤口粘附有沙石、煤渣等难以清除，必要时应在1%普鲁卡因的局部麻醉下，用毛刷彻底将其清除，在清理创面后，用0.1%雷夫努尔溶液浸湿纱布覆盖，再进行包扎。伤口日后是否会感染，与伤口的清洁程度直接相关。因此，清创的环节应认真仔细。关节部位的擦伤在伤口进行清洗、消毒后，宜用凡士林油纱布覆盖，或涂抹消炎软膏，再用消毒敷料进行包扎。伤口化脓时，伤口周围皮肤常规消毒后，先用消毒镊子揭除肤痂，用2%过氧化氢溶液（双氧水）彻底清洗伤口，再按有感染的伤口处理。

面部擦伤最好用0.1%苯扎溴铵溶液，以免因使用其他药物导致面部遗留色素沉着。红药水和碘酒不宜同时在同一部位使用，因为这两种药物混合可生成一种叫作碘化汞的化合物。碘化汞不仅失去了上述两药各自具有的抑菌和杀菌作用，还有微毒，对伤口有刺激作用，不利于伤口的愈合。紫药水是以往经常使用的外用消毒剂，鉴于近期有研究指出紫药水有致癌作用，因此对该药物的使用应慎重。除关节部位外，一般小而浅的擦伤尽可能用暴露疗法，以利创面的干燥结痂和愈合。

关节部位由于经常活动易致伤口燥裂，为避免继发关节内感染，擦伤时最好不要使用暴露疗法，可采用消炎软膏或多种抗生素软膏涂擦。

（二）撕裂伤

人体遭受钝性暴力的打击引起皮肤和皮下软组织撕裂性损伤，称为撕裂伤。其伤口边缘不整齐，组织损伤广泛，常有不同程度的污染和出血，皮肤撕裂伤多发生于头部，尤以额部和面部较多见，如篮球运动中眉弓部被他人肘部碰撞，引起眉际皮肤撕裂。若撕裂伤口小，经止血、消毒处理后，可用粘膏黏合；伤口较大则需缝合，必要时要使用抗生素治疗。

（三）刺伤和切伤

尖锐、长细的物品刺入人体所致的皮肤、皮下及深部组织器官的损伤，称为刺伤，如田径运动中被钉鞋或标枪刺伤。其特点是伤口小，创道深，创底常有污染。切伤是指锐器切入皮肤所致的皮肤及皮下组织等的损伤，如冬季滑冰时被冰刀切伤。伤口边缘整齐，多为直线，出血较多，但周围组织损伤较轻，深的切伤可切断大血管、神经、肌腱等组织。其处理方法基本上与撕裂伤相同。凡被不洁物特别是金属物致伤且创口小而深时，应注射破伤风抗毒素。

二、闭合性软组织损伤

（一）种类

软组织损伤是指各种急性外伤或慢性劳损以及自身疾病等原因造成的人体的皮肤、皮下浅深筋膜、肌肉、腱鞘、韧带、关节囊、滑膜囊、周围神经血管等组织的病理损害。常见的闭合性软组织损伤的种类如下：

1.挫伤

挫伤由钝力直接作用于身体某部所致，如运动中相互冲撞、踢打，身体某部碰击器械。轻者仅是皮下组织、肌肉、韧带等损伤，重者常因某些器官的损伤而合并休克。在体育运动中比较常见的是股四头肌挫伤和小腿前部挫伤。

2.肌肉、肌腱拉伤

由于肌肉主动收缩，其收缩力超过了肌肉本身所承担的能力，或肌肉受到被动牵拉，超过了肌肉自身特有的伸展程度，均可引起肌肉拉伤。拉伤可发生在肌腹、肌腱交界处、肌腱在骨的附着处。由于致伤力的大小和作用性质不同，可引起肌肉、肌腱部分纤维断裂、完全断裂和微细损伤的积累。除肌肉本身的拉伤外，常可同时合并肌肉周围的辅助结构，如筋膜、腱鞘和滑囊的损伤。

3.关节韧带扭伤

关节韧带扭伤由间接外力所致，即在外力作用下，使关节发生超常范围的活动。轻则发生韧带部分纤维的断裂，重则韧带纤维完全断裂，引起关节半脱位或完全脱位，同时可合并关节囊滑膜和软骨损伤，甚至有造成撕脱性骨折的可能。

4.滑囊炎

滑囊是结缔组织构成的密封小囊，囊内有少量滑液，多位于关节附近，介于肌肉或肌腱附着处与骨隆起之间，可以减轻肌肉、肌腱与骨之间的摩擦。外力的直接撞击，使囊壁受到损伤而发生急性滑囊炎，或因局部活动过多，囊壁受到反复磨损而发生慢性损伤。

5.腱鞘炎

腱鞘是两层纤维膜构成的长形密封小管，套在肌腱周围。腱鞘的内层覆盖在肌腱的表面，外层附在周围的韧带及骨面上，两层之间有少量滑液，可以减少肌腱活动时与周围结构间的摩擦。肌肉反复收缩，肌腱与腱鞘不断摩擦，引起腱鞘的创伤性炎症。由于局部鞘管壁增厚，管腔变窄，有时肌腱呈梭形膨大，因此当肌腱通过狭窄处时即发生弹响或交锁现象，称为狭窄性腱鞘。

（二）急性闭合性软组织损伤的处理原则

急性损伤是指一次暴力导致的损伤，一般患者可清楚地描述受伤的时间、地点、部位和动作等特征。其治疗分为早期、中期和晚期。

1.早期处理原则和方法

早期一般指伤后 24~48 小时。临床特征以组织损伤、出血、渗出、疼痛、功能障碍等为主。处理原则为“RICE”原则。它将制动、止血、防肿、镇痛和减轻炎症的方法以四个具体的、连续的环节表达出来，以每一环节的名词中的首字母连起来作为此原则的名称，这是非常必要而简单易行的急性闭合性软组织损伤早期的处理手段。

“RICE”原则中,R 指的是“Rest”,即休息,局部制动的意思。伤后立即停止运动,排除可能造成二次伤害的因素,让受伤部位在放松位静止不动。运动终止后的制动可以控制肿胀和炎症,把出血控制在最小限度。这样既可减少局部组织出血和水肿,又可减轻疼痛。

I 是“ICE”的缩写,指的是冷疗。如前面所述,冷疗可限制出血和减少渗出,同时降低局部组织代谢,有明显的止痛作用;减少酶的活性和机体组织坏死的产生,对受伤后 4~6 小时内所产生的肿胀有较好的控制作用;使血液的黏稠度增加,毛细血管的通透性变小,限制流向患部的血流量。如果高校大学生突然遇到急性闭合性软组织损伤需要冷敷时,可直接就近将患部用自来水冲洗 10 分钟以上或用塑料袋装自来水浸泡患部。

C 指的是“Compression”,即加压包扎之意。加压包扎可使患部内出血及瘀血现象减轻,防止炎症渗出液渗到组织内部,并能促进其吸收。加压包扎有很多方法,可以把浸过水的弹力绷带放进冷冻室,这样可同时起到冷敷和加压的作用,还可以使用毛巾及海绵橡胶做的垫子来进行加压包扎。例如,踝关节扭伤时,可以用“U”形海绵橡胶垫套在踝关节上,然后用胶布或弹力绷带固定,以防止和减轻踝关节周围的水肿。相比于冷敷的间断性,加压在较长一段时间内可以连续使用。

E 指的是“Elevation”,即抬高患肢,要求把患部抬高到比心脏高的位置。此法对减轻内出血非常有用,可以减轻通向损伤部位的血液及体液的压力以促进静脉回流,患部的肿胀及瘀血也相应减轻。

2.中期处理原则和方法

中期主要是指受伤 24~48 小时以后。此期病理变化和修复过程的主要特点是出血停止,局部有瘀血、肿胀,肉芽组织已经形成,凝块正在被吸收,坏死组织逐渐被清除,组织正在修复,瘢痕形成。

处理原则主要是改善血液循环和淋巴循环,促进组织的新陈代谢,加速瘀血和渗出液的吸收及坏死组织的清除,散瘀消肿,加速组织修复,防止粘连形成。治疗方法有理疗、按摩、针灸、药物痛点注射,以及外贴活血膏或外敷活血、化瘀、生新的中药等,也可选用几种方法进行综合治疗。热疗和按摩在此期的治疗中非常重要,但是按摩力度宜轻不宜重,可选用轻刺激的手法由损伤周围向损伤局部按摩。

3.晚期处理原则和方法

晚期肿胀和压痛已经消失,损伤组织已基本修复,但可能有瘢痕和粘连,患部的功能尚未完全恢复，锻炼时感到微痛、酸胀和无力，个别严重者出现伤部僵硬或运动功能受限等，该期的处理原则是恢复和增强肌肉、关节的功能。若有瘢痕和粘连，应设法软化或分离，以促进功能的恢复。治疗方法以按摩、理疗和功能锻炼为主，配合支持绷带固定及中药熏洗等。

（三）慢性闭合性软组织损伤的处理原则

慢性损伤可因急性损伤处理不当或运动过早转变而来，或因长期局部负荷过度，由微细损伤积累引起劳损。处理原则主要是减轻患部肢体负担，改善伤部的血液循环和新陈代谢。慢性损伤的病理变化主要为变性和增生，由于局部代谢障碍而引起组织形态和功能的改变。主要表现为局部酸痛、无力、活动受限、发凉等，具有反复发作的特点。运动疗法和训练需合理安排局部负荷量，处理办法与急性损伤后期的处理方法基本一致，但应特别注意功能锻炼和力量锻炼。

第七章　高等学校体育

第一节　高等学校体育的地位与作用

高等学校肩负着培养高级专门人才和发展科学技术的重大任务。我国的社会主义现代化建设,中华民族的伟大复兴,国家的繁荣昌盛,都迫切需要一大批德、智、体、美全面发展,富有创新意识和拼搏精神的高素质建设者和接班人。

一、高等学校体育的地位

高等学校体育是培养身心健康发展的高级专门人才的需要,是发展我国体育事业的需要,是高校丰富课余文化生活,建设社会主义精神文明的需要。因此,高校体育是我国高等教育的重要组成部分,也是我国社会主义建设中的一项重要事业。

(一)高等学校体育是我国培养身心健康发展的高级专门人才的需要

《中华人民共和国高等教育法》指出:高等教育必须贯彻国家的教育方针,为社会主义现代化建设服务、为人民服务,与生产劳动和社会实践相结合,使受教育者成为德、智、体、美等方面全面发展的社会主义事业的建设者和接班人。

学校的根本任务是培养身心全面发展的人才,以适应社会发展的需要。在我国,党和政府要求学校应面向现代化、面向世界、面向未来,认真贯彻德、智、体、美等全面发展的方针,使学生身心健康发展,成为社会主义现代化事业的建设者和接班人。

无论是培养高级专门人才,还是发展科学技术文化,都集中反映在对人才规格的要求,必须是德、智、体、美等全面发展,而不是片面发展,才能担负这个重大使命。因此,高校应在中小学教育的基础上,正确认识并处理德、智、体、美等的辩证关系,确立体育在高校教育中的地位,纠正忽视体育的种种倾向,把高校体育与培养合格的高级专门人才的目标紧紧相连,采取有力的措施全面完成高校体育与健康的各项工作。

当代社会,科学技术突飞猛进,社会生产力高度发展。随着社会的进步,对人的素质(包括身体素质),以及人的全面发展的社会需要,已日益成为人类共同关注的问题。不断发展的社会,对人们的健康与体质提出了新的更高的要求,以适应在高速度、高强度、高度紧张的情况下工作。我国正在实现社会主义现代化建设的宏伟任务,为了适应我国经济腾飞和社会发展的需要,必须大规模地培养新的能够坚持社会主义方向的各级各类合格人才。这一大批人才,都应是有理想、有道德、有文化、守纪律、身体健康的,为建设有中国特色的社会主义事业而献身的合格人才。高等教育担负着艰巨而光荣的任务,作为高等教育重要组成部分的高校体育,必须与德育、智育紧密配合,在培养新世纪合格人才中作出积极的贡献。

(二)高等学校体育是国民体育的基础,是发展我国体育事业的需要

学校体育是国民体育的基础,搞好学校体育不仅是学校教育的需要,也是我国体育事业发展的需要。大学生的年龄特征与中小学学生相比,身心发展已日趋成熟,但从生长发展全过程来讲,大学生身心仍处在不断发展与不断完善之中。因此,高校体育对大学生身心自我完善,乃至提高全民族身体素质都有深远的意义。中华人民共和国成立以来,我国大学生的体质与健康水平都有了很大的提高,但由于种种原因,目前我国大学生的体质和健康水平与世界一些发达国家相比尚存在一些差距。例如,我国大学生各年龄组的身高、体重、胸围、肺活量等各项指标与日本相比,除22岁年龄组女生的身高略高于日本外,其余指标均低于日本。又如身体素质,我国大学生除男生立定跳远(爆发力)的水平略高外,其他所有的指标均低于日本和加拿大。此外,我国大学生中的常见病,如视力不良、神经衰弱症、心血管疾病等也占有相当大的比例,有的已严重影响大学生身心健康。为此,在加强中小学体育与健康,打好基础的同时,必须十分重视高校体育与健康,努力改善高校体育条件,进一步搞好高校体育工作,促使高校体育的各项任务全面完成。这是我们高校一项十分紧迫的任务。

高等学校体育是培养我国体育后备人才,提高竞技水平的重要源泉。尤其是

当代竞技体育发展,要求贯彻科学训练与比赛的原则,运动员必须具有良好的体力和智力,才能不断提高运动技术水平。大学生在体能与智能上都有较大的适应性和优势,有条件才可能为我国竞技体育的发展作出贡献。因此,《学校体育工作条例》规定:学校应当在体育课教学和课外体育活动的基础上,开展各种形式的课余体育训练,提高学生的运动技术水平。……普通高等学校经国家教育委员会批准,可以开展培养优秀体育后备人才的训练。

大学生形成良好的体育习惯,掌握体育的知识与技能,提高运动能力,是自身完善和推动高校群众性体育活动的需要,也是毕业后走向社会,坚持终身体育,成为社会体育的骨干,推动我国体育事业发展的需要。

(三)高等学校体育是丰富大学生课余文化生活,建设校园社会主义精神文明的需要

大学生在紧张的学习生活中,需要健康、文明、娱乐、和谐的课余文化生活,以适应大学生身心健康发展的要求。体育活动能使大学校园充满活力与生机,并以其丰富多彩、形式多样的内容,吸引广大学生参与和观赏。它不仅可以丰富大学生的课余文化生活,而且可以促进校园社会主义精神文明建设。

体育作为社会主义精神文明建设的重要手段,既是文化建设的一项重要内容,也是思想建设的重要手段。通过大学生对体育活动的参与和观赏,可以发展大学生体能,促进智能发展;可以培养大学生勇敢、顽强、坚毅等思想品质,以及团结战斗的集体主义精神和进取精神;可以培养大学生爱国主义思想,以及树立正确的审美观。因此,开展大学校园的体育活动,是占领课余思想阵地,引导大学生健康、文明生活,防止和纠正不良行为的重要手段。对此,我们必须明确认识,并予以足够的重视。

综上所述,我们可以看到体育在高等教育中至关重要的地位。它关系到大学生的体能、智能发展和整体素质水平的提高,关系到大学生的大学阶段学习和大学后的工作和生活,关系到我国全民健身计划的实施和全民族身体素质的提高,关系到我国社会主义物质文明和精神文明建设,是高校不容忽视的一项重要工作。

二、高等学校体育的作用

教育是培养和输送人才的摇篮,也是提高中华民族科学文化素质、向现代化建

设提供人力资源支持的奠基工程。目前,我国社会主义经济体制的建立和现代化建设的推进,对劳动者和专门人才素质的要求将迅速提高。我国要在激烈的国际竞争中处于主动地位,就必须重视人才综合素质的培养。这些人才不仅要有坚定的社会主义信念,良好的思想道德素质,要掌握和适用现代科学知识,还必须拥有强健的体魄和良好的心理素质,才能有坚实的基础和实力参与激烈的竞争,才能为祖国的现代化建设贡献自己更多的力量。

具体来说,体育对人才培养的作用有以下几个方面:

(1)通过科学有序的体育锻炼,可以逐步改善人体的生理机能,提高身体的各方面素质,使身体形态、机能、心理健康水平和各方面素质得到全面、均衡的协调发展,从而强健体魄,振奋精神。有了健康的保证,才能以充沛的精力投入学习和工作,才能在激烈的社会竞争甚至艰难的逆境中求得奋进和发展。

(2)通过参加各种体育活动,加强了与大自然的接触和与人的交往,这样可以开阔心胸、扩展视野、调剂精神、增长知识、增进友谊和交流,并能提高适应环境的能力和社交能力。

(3)在体育锻炼中,人们为了达到某一目标,往往要克服生理、心理和环境的一些障碍和困难,从而不断地挑战自我、战胜自我。比如,攀登险峻的山峰,在寒冷的季节里游泳,或者长距离的越野障碍跑等,都会使人产生一种畏难情绪,对生理和心理产生压力。但是,战胜这些困难的过程,就是磨炼意志、培养信心、完善人格的过程,从而培养人吃苦耐劳、自强不息和受挫不馁、遇难不怯、敢于拼搏的精神品质,为今后担负更加繁重的工作任务打下基础。

(4)通过体育教育,使人了解和掌握体育的基本知识、科学的体育方法,培养人的体育意识和健身意识,从而提高活动兴趣,养成自觉锻炼和养护身体的习惯,使体育成为日常生活的重要组成部分,养成良好的生活方式,达到具有科学的体育素养的人。

第二节　高等学校体育的任务与目的

根据我国社会主义事业对当代大学生身心发展的要求,我国大学体育的培养目的是:使学生了解和掌握体育与健康的基本知识;培养学生终身体育意识和体育能力；养成体育锻炼的良好习惯，增进身心健康；形成体育生活方式和科学的体育素养，使之成为国家和社会所需要的全面发展的高级专门人才。

一、高等学校体育的基本任务

（一）增强体质，提高学生身心健康水平

高等学校体育的首要任务，就是要增强学生体质，提高全体学生的身心健康水平。这是我国社会主义现代化建设事业对大学生身心发展的基本要求，也是时代所赋予学校体育的重要使命。《中共中央国务院关于深化教育改革，全面推进素质教育的决定》中指出："健康体魄是青少年为祖国和人民服务的基本前提，是中华民族旺盛生命力的体现。学校教育要树立健康第一的指导思想，切实加强体育工作，使学生掌握基本的运动技能，养成锻炼身体的良好习惯。"这是党和政府在新的历史条件下为学校提出的极其重要的指导思想，对我国的教育改革具有重大的现实意义和深远的历史意义，其根本目的在于提高全民族的综合素质，增强我国的综合国力和在国际上的竞争能力。

大学生是中华民族伟大复兴的希望，是国家建设的中坚力量。但是，我国青少年学生在体质健康方面仍然存在不少问题，必须引起足够的重视。比如，与健康关系密切并反映心肺功能水平的耐力素质、呼吸功能（肺活量）普遍下降，以及营养不良、心理素质不高，特殊体形、抗挫折能力差、神经衰弱，甚至心理障碍和心理疾病成发展趋势等。这与整个教育事业的发展，以及素质教育的要求有较大的差距。因此，不遗余力地增强学生体质、努力提高全体学生的身心健康水平，是历史赋予高等学校体育的一项重要任务。

（二）培养终身体育意识和体育能力

高等学校体育要培养学生的体育意识，形成终身体育思想，增强学生的体育兴趣，提高学生的体育能力。《体育运动国际宪章》中明确指出："体育运动是全面教育体制内一种必要的终身教育因素"，"必须有一项全球性的、民主化的终身教育制度来保证体育活动与运动实践得以贯彻于每个人的一生。"法国著名教育家保罗·朗格朗在其《终身教育引论》一书中指出："如果将学校体育的作用看成是无足

轻重的事，不重视学校体育，那么，学生进入成年阶段后，体育活动就不存在了。如果把体育只看成是学校这一阶段的事，那么，体育在教育中也就变成了‘插曲’。”因此，大学体育不仅仅是在校期间的阶段性教育活动，而是要使学生在学校所受的体育教育受益终身，成为生活的一部分。然而，我国当前的学校体育教育的效果不容乐观。有关调查资料表明，目前在校大学生的体育意识和健康意识总体比较淡薄，能自觉参加体育锻炼的人数比例很低，越是高年级的学生越不锻炼身体。大学生毕业走上工作岗位后，大多数人都因工作、环境、生活等原因，逐渐与体育“绝缘”，由此导致了社会上知识分子的体质健康水平下降，死亡的平均年龄大大降低，给国家、社会和家庭造成了不可弥补的损失。虽然这里有诸多原因，但是与知识分子的体育意识淡薄、健康与保健意识差也有一定的关系。

因此，要重视学生体育与健身意识的培养，提高体育兴趣和健身习惯，并在体育教材的内容、形式、手段和要求上与体育教育的目标保持高度一致。同时，还要使学生掌握体育与健康的基本知识、技术和技能，掌握科学锻炼身体和保养身体的方法，学会开运动处方，科学地进行锻炼，提高体育能力，为终身体育奠定良好的基础。

（三）培养良好的思想道德和意志品质

我们大学的培养目标，归根结底，就是培养和造就一大批政治过硬，品质优良，具有扎实的科学文化知识和能力，具备强健体魄的全面建设人才。因此，始终把育人放在首位。高等学校体育通过体育课、课外活动、运动训练、竞赛交流等特殊的教育形式，在培养学生的健康意识、塑造学生强健体魄的同时，对学生进行爱国主义、集体主义、社会主义理想信念教育，中华民族优秀文化传统教育，革命传统及遵纪守法、社会公德教育。在体育实践中培养学生吃苦耐劳、艰苦奋斗、拼搏进取、自强不息的精神，以及尊师爱友、团结协作、礼贤互让、豁达大度的道德品质。

体育在培养人的道德与意志品质方面，具有鲜明的特点和显著作用。体育主要是以自身练习为手段，通过身心的参与来实现的。在体育运动过程中，既能感受到大自然清新的空气、阳光和美景，同时也要经受风吹、日晒、雨淋等考验；从事各项运动，既能体验运动给身心带来的愉悦，也要承受一定的生理和心理负荷，如肌肉酸痛、身心疲乏等反应；为了提高运动水平，要进行艰苦的体能与技战术训练，并克服种种困难；参加比赛时，又要全力以赴，协同配合，最大限度地发挥自身的各种能力,使智、艺、技、勇在激烈的对抗中得到发挥和锻炼。因此,通过体育教育培养学生良好的思想道德作风和顽强的意志品质,在知、情、意、行诸方面都有更高层次的追求,从而自觉确立文明、科学、健康的生活方式,促使自己在德、智、体、美诸方面都得到全面的发展。

(四)提高运动技术水平,培养高水平体育人才

高等学校是培养人才的基地,其中,也包括体育人才的培养。高等学校大力发展体育,反过来体育又促进和提高学校的办学效率。许多有识之士认为,高等学校是培养"智能型"体育尖子最肥沃的土壤。高校应该拥有自身的高水平运动队(员),并努力提高运动技术水平,为国家培养能参与世界竞技体育的高水平体育人才。

美国加州大学校长田昌霖博士认为:对发展学校最有影响力的是学生运动队。大力发展和提高学生的运动水平乃是学校整体教育的一个重要组成部分。因此,我国高校在广泛开展群众性的体育活动的基础上,依靠高校特有的人才优势和科技优势建设好运动队,为国家培养高素质高水平的体育人才,是高校体育的任务之一。

二、实现高等学校体育目的的基本要求

我国高校体育在培养德、智、体、美等全面发展的社会主义现代化事业的建设者和接班人的工作中已作出了巨大贡献。在改革开放的新的历史时期,为了使高校体育更好地为经济建设服务,深化高校体育改革已势在必行。1999 年《中共中央国务院关于深化教育改革全面推进素质教育的决定》中明确指出:健康体魄是青少年为祖国和人民服务的基本前提,是中华民族旺盛生命力的体现。学校教育要树立健康第一的指导思想,切实加强体育工作,使学生掌握基本的运动技能,养成坚持锻炼身体的良好习惯。确保学生体育课程和课外体育活动时间,不准挤占体育活动时间和场所。举办各种各样的群众性体育活动,培养学生的竞争意识、合作精神和坚强毅力。这标志着我国学校体育工作已经进入新的时期,并促使高校体育更加规范化、制度化,为了全面完成高校体育的各项任务实现高校体育的目的,高校应该结合本校实际,认真贯彻,不断深化高校体育改革,努力达到以下几点基本要求。

（一）全面贯彻党的教育方针，摆正高校体育的位置

体育是党的教育方针的重要组成部分，也是高等教育的重要方面之一，必须给予足够的重视，摆正它应有的位置。实践证明：只要高校体育工作指导思想端正，位置摆对，体育活动就能广泛开展，校园就能生机勃勃，大学生就能身心健康地学习和生活。由于陈旧落后的传统观念等因素的影响，还存在忽视体育的种种倾向，致使目前有的高校还未把体育与健康摆在应有的位置，措施不力，效果不好，严重地影响了高校教育的质量。为此，必须转变观念，进一步端正办学思想，加强领导，采取得力的措施，保证全面贯彻党的教育方针，切实开展和做好高校体育与健康工作，促进大学生德、智、体、美等全面发展。

（二）面向全体大学生，全面开展高校体育工作

为了实现高校体育的目的，高校应面向全体大学生，动员和组织大学生自觉地参加体育课及各种体育活动，并建立相应的规章制度，借以提供各种保证。体育与健康课教学是基本组织形式，必须按规定开课，改革教材教法，努力提高教学质量。由于高校体育工作的复杂性，必须课内课外结合，普及与提高结合，训练与竞赛结合，开展多种多样的体育活动，以保证大学生每天一小时的体育活动时间。

影响学生身心健康发展的因素是多方面的，为此，高校体育与健康课要与大学生正当的社会活动、合理的作息制度、适宜的学习负担和营养、卫生条件等有机地结合，使高校体育工作与其他工作协调发展。

要加强体育与健康宣传，以及在体育实践中传播体育与保健知识，使大学生不断增强体育意识，把身体好与学习好、工作好统一起来，以自觉积极的行动参加体育活动。

（三）加强科学研究，不断改革高校体育

高校体育必须坚持改革，在改革中发展和提高质量。要重视体育科学研究，充分利用高校自身的优势与条件，有目的、有计划、有组织地开展体育科学研究。目前要特别重视研究改革中的新动向、新问题，使科研的成果直接与改革中的问题相联系，并为深化改革高校体育服务。在内容上，要与高校教育改革挂钩，加强体育过程中教育思想、教育内容、教育方法的研究，不断探索我国高校体育与健康规律，

按照我国社会主义特色来发展高校体育工作,使之为培养更多更好的高级专门人才服务。

（四）加强教师队伍建设,不断提高教师素质

体育教师是高校体育工作的组织者和执行者,体育教师队伍的健全与否,教师素质的好与差,直接关系到高校体育工作的开展与质量的提高。为了适应高校教育改革的发展,高校体育与健康教师在充实数量的同时,必须着重提高质量,要在新形势下对体育教师的师德、知识、能力等方面提出新要求。有关部门应在政治、业务、工作、生活上全面关心体育教师,帮助他们解决各种实际困难,为他们的政治思想和业务进修提高,以及开展工作创造条件。体育教师要热爱本职工作,教书育人,洁身自爱,艰苦奋斗,坚持改革,勇于创新,发扬献身精神,从而形成一支团结战斗、奋发向上、生机勃勃的体育教师队伍,使高校体育工作更上一层楼。

（五）加强领导,实施科学管理

高校体育是高校整体工作的一部分,必须健全组织领导机构,形成自上而下的组织管理指挥系统,实施科学管理。在校内,必须在主管体育校长的领导下,体育部（室）积极参与,各级行政部门、群众团体密切配合,统一认识,统一步调,才能做好高校体育工作。在具体管理工作中,要对高校体育加强计划,及时检查和总结,不断改进;要从实际出发,建立高校体育的规章制度和体育工作的评价标准,包括对大学生体质、健康测试和评估等规定;要统筹安排,创造条件。

第三节　高等学校体育的组成形式

《学校体育工作条例》中规定:“学校体育工作是指普通中小学校、农业中学、职业中学、中等专业学校、普通高等学校的体育课教学、课外体育活动、课余体育训练和体育竞赛。”这是学校体育工作的组成形式,它构成了学校体育工作的整体,是为了实现学校体育目标而服务的。

一、体育课程

体育课程是我国高等学校教学计划中的基本课程之一,也是高校体育工作的主要环节;是实现学校体育目标的重要渠道,也是把宏观的体育教育思想、观念、理论与实践联系起来的重要途径。高等学校体育课程设置的目的是通过合理的体育教学过程和科学的体育锻炼过程,使学生增强体育意识,提高体育能力,养成体育锻炼的习惯,受到良好的思想品德教育,成为体魄强健的社会主义事业的建设者和接班人。《学校体育工作条例》规定:“体育课是学生毕业、升学考试科目。”这些充分表明了体育课程在高校体育工作中的地位及其重要意义。根据学校体育教育目标和任务,体育课程主要分为理论课程和实践课程两大类。

(一)理论课程

大学体育理论课程主要是向学生传授体育与健康的基本知识,科学锻炼身体的原则与方法;介绍我国体育的目的、任务、方针、政策,我国体育运动发展成就,有关体育运动项目的一般方法及运动生理、心理知识等。大学生具有较高的文化素养,对体育知识的需求越来越高,因此有必要增加体育基本理论教材的比重,广泛介绍体育的有关知识。通过理论课的传授,增强大学生的终身体育意识,养成自觉锻炼身体的好习惯。

(二)实践课程

体育实践课程主要在运动场馆进行,主要是向学生传授体育运动的方法,指导学生从事各种身体练习。通过体育实践课,使学生掌握运动的方法,提高运动技能,增强运动兴趣,从而提高身体素质,增进健康水平。实践课又分为以下几种形式:

1.体育普通课

体育普通课主要是围绕学生全面的身体锻炼,使学生的形态、机能、素质协调发展,以增强学生体质为目的,并使学生掌握体育锻炼的基本技术和技能,提高运动能力。体育普通课既是巩固和提高学生中学时期已掌握的体育知识,也是为下一阶段的体育选项课学习打下基础。体育普通课教材内容以田径、球类、体操、武术、游泳为主，再结合《国家体育健康标准》的素质项目练习。

2.体育选项课

体育选项课是学校根据师资、场地、器材及学生的需求情况，供学生自己选择项目上课的一种形式，也是必修课程。选修课教材分为一般身体练习教材和专项教材两部分。一般身体训练教材包括用以全面发展学生身体素质的项目，专项教材内容有足球、篮球、排球、网球、乒乓球、武术、体操、游泳等。通过体育选项课学习，加强了学习的系统性与连续性，有利于学生运动技术、技能的形成、巩固和提高，也有利于发挥学生的运动特长和积极性，培养运动兴趣和锻炼习惯，为今后参加体育锻炼奠定基础。

3.体育选修课

《学校体育工作条例》规定："普通高等学校的一、二年级必须开设体育课。普通高等学校对三年级以上学生开设体育选修课。"体育选修课面对高年级学生，主要以各运动单项的技战术和专项理论教学指导为主，结合提高身体素质练习及其他辅助练习，使学生在大学期间继续接受体育教育，为终身体育打下基础。

4.体育保健课

体育保健课是专门为体弱病残的学生开设的一种必修课或选修课，它具有医疗和保健意义，可以使这部分学生在大学期间得到相应的体育指导和锻炼，掌握必要的运动方法和卫生保健知识，以改善身体的健康状况。体育保健课教材内容及运动负荷，是根据学生健康状况而制订的。有的学校还采用"运动处方"的形式对学生因人施教，主要教体育健康知识、太极拳、剑、气功、健身操等。

二、课外体育活动

课外体育活动是实现高等学校体育目标的一个重要组织形式，同时也是体育课程的延续和补充，它对发展学生体能、增强学生体质、培养锻炼习惯、发展学生个性是非常重要的。大学生正处于青春发育后期，是增长知识和体质的关键时期。在这个时期，仅靠每周两节体育课来锻炼身体是远远不够的。因此，国家规定，把早操和课间操纳入学生一天的锻炼内容，保证每天至少有 1 个小时来进行体育锻炼，以利学生身心全面发展。

（一）早操

早操也称早锻炼，是每天起床后坚持的室外体育活动，是大学生合理的作息制度中的重要组成部分。早操要坚持，一般安排 20 分钟左右的时间。应根据大学生的个体需要、兴趣爱好以及地理与气候条件等因素，选择多种多样的内容，如广播体操、健身跑、健美操、武术、气功以及各种身体素质的内容等。早操的组织一般可采用分操与合操两种方式，可以是集体召集、个人自觉活动，由体育教师或体育骨干组织辅导；可以是兴趣小组或项目俱乐部的班（组、队）集体活动；也可以是较大规模甚至是全校（院）的集体合操，很多学校把定期集体合操与升旗仪式结合进行，取得了良好的效果。大学生坚持做早操，不仅是合理的作息制度、锻炼意志、养成良好的锻炼和卫生习惯、锻炼身体的有效途径，而且也是每天进行学习的准备，它可以消除抑制、兴奋神经过程，活跃生理机能，促进人体以良好的状态进入学习过程。同时，其对校风、学风建设以及精神文明建设也都起着积极作用。

（二）课间活动

课间活动是课间休息时所进行的有益于身心健康的体育活动。一般为个人活动，如走步、肢体活动操、功能性体操（如防治脊柱弯曲操）和提高身体素质的简单练习等。在上下午的 1、2 节课和 3、4 节课之间的 20 分钟休息时，也可以班级为单位集体做广播体操。充分利用课间休息时间活动身体，进行积极休息，对消除学生大脑皮层的疲劳，适时地转移大脑的优势兴奋过程，调节情绪，促使学生能更加精神饱满地进行学习等，都是很有好处的。

（三）课余体育锻炼

课余体育锻炼，是大学生一天课程学习结束之后进行的有目的、有计划、有组织的体育活动。一般在每天下午，每次活动时间约 1 小时，每周进行 2~3 次。课余体育锻炼，通常以教学班为单位组织进行，但由于大学生心理、生理发展程度不一，兴趣爱好和个性发展也各有差异。随着各方面条件的改善，体育俱乐部、单项运动协会等体育组织越来越受到大学生的欢迎，只要条件允许，它同样可以作为课余体育锻炼的主要组织形式。在组织活动的过程中，要充分调动大学生参加体育锻炼的主动性和积极性；要充分发挥体育教师和学生体育骨干的组织作用，制订切实可行的活动计划,建立各项规章制度,合理安排和使用场地器材;要重视体育锻炼安全,防止运动伤害事故的发生。此外,需要特别注意的是,课余体育锻炼作为课程教学的延续和补充,实际上是体育课程教学的课外作业,必须有严格的计划和检查与评估制度,同时还必须保证其体育健身的实际效果。实践证明,搞好高校课余体育锻炼,可以使大学生增强体质、增进健康、锻炼意志、陶冶情操、丰富知识、开阔视野、发展能力,促进大学生身心的健康发展,是大学生活的重要内容。因此,课余体育锻炼不仅是高校体育过程的重要方面,也是占领课余思想阵地、丰富校园文化生活、建设精神文明的重要手段之一。

三、课余体育训练

课余体育训练是指高校利用课余时间,对部分身体素质较好、有一定体育专长的学生进行系统训练的一种专门教育过程。它是实现高校体育目的的重要组织形式。

高校课余体育训练是学校贯彻普及与提高相结合的一项重要措施。搞好高校课余体育训练工作对全面贯彻党的教育方针和发展我国体育事业,都具有重要意义。一方面,它有助于培养一支学生体育骨干队伍,加强体育的组织和指导力量,推动学校体育活动广泛持久地蓬勃开展;另一方面,它可以把有体育才能的大学生组织起来进行全面系统的训练,不断提高运动技术水平,在校际和国际交往中为校为国争光,并可为国家培养优秀运动员和优秀的体育后备人才,为我国体育事业的发展作出贡献。为此,《学校体育工作条例》规定:“学校应当在体育课教学和课外体育活动的基础上,开展多种形式的课余体育训练,提高学生的运动技术水平。”并指出:“普通高等学校经国家教育委员会批准,可以开展培养优秀体育后备人才的训练。”为搞好高校课余体育训练,应切实做好以下几个方面的工作:

(1)高校开展课余体育训练的设项、组队要从国家、地区和本校实际出发,既要考虑传统性、代表性,又不能贪多求全,以确保训练质量。特别是高水平运动队训练,更要注意从本校人、财、物等各方面的条件出发,突出重点,提高质量。

(2)高校开展课余体育训练要从培养身心健康的高运动水平的全面发展的人才出发,要坚持业余训练,正确处理文化学习和体育训练的关系,科学地安排教学和训练;要坚持基础训练,正确处理训练和比赛的关系,科学地安排训练计划,系统训练,打好基础,不断提高运动技术水平;要坚持严格教育、严格管理,把思想教育贯穿到教学和训练的全过程。

(3)高校开展课余体育训练要充分利用高校的智力优势和高等教育的有利条件,调动大学生在智能和体能方面的优势,坚持科学训练,逐步培养一支有理论、有实践经验的高水平教师(教练)队伍,并结合训练实践开展科学研究,不断提高科学训练水平。

(4)高校开展课余体育训练要改革创新,要加强科学管理,要建立健全各项规章制度,充分发挥参加体育训练的学生的骨干作用,调动广大师生参加体育锻炼的积极性,推动高校体育活动的蓬勃开展,并在训练和比赛的过程中,扩大体育传播,丰富校园文化生活,促进学校精神文明建设。

四、体育竞赛

体育竞赛是推动高校体育活动广泛开展,促进运动技术水平提高、实现高校体育目的的重要组织形式。

通过体育竞赛,能起到良好的宣传鼓动作用,吸引更多的人参加体育活动,逐步提高广大师生积极锻炼身体的自觉性。通过体育竞赛还可以检查教学和训练工作,总结和交流经验,互相学习和促进,有利于选拔体育人才。通过体育竞赛还有助于培养学生勇敢顽强、遵纪守法、服从裁判、服从组织的优良品质和集体主义精神,对丰富校园文化生活和社会主义精神文明建设具有重要意义。

《学校体育工作条例》规定:“学校体育竞赛贯彻小型多样、单项分散、基层为主、勤俭节约的原则。每学年至少举行一次以田径项目为主的全校性运动会。”为此,高等学校应将此纳入工作日程,制订计划,认真实施。

高校体育竞赛有校内竞赛和校外竞赛两大类,应以校内竞赛为主。要经常开展校内群众性体育比赛,如各种球赛、长跑比赛、“达标”赛以及大众健身体育项目比赛等。可由校、系、年级、班级以及体育俱乐部、单项运动协会分别组织进行。同时,也应从实际出发,组织各种友谊赛、邀请赛、表演赛以及派队参加校外各级比赛,以丰富师生文化娱乐生活,开展体育宣传,扩大体育视野,推动学校体育的蓬勃开展。

第四节　高等学校体育的发展方向

随着“健康第一”和“终身体育”思想的提出,新的健康观念正在使高校体育的教学目标、教学方法以及考核内容和方式发生着变化。

近 20 年来的高校体育改革取得了很大的成绩,特别是《全国普通高等学校体育课程教学指导纲要》的颁布实施,有力地推动了高校体育教学改革的深入发展,尤其是选项课与选修课的开设,在一定程度上满足了学生的不同体育需求,培养了学生的体育兴趣,激发了学生的体育学习积极性,发展了学生的体育特长。从而也活跃了高校的课外体育活动。

然而,高校体育仍然面临着严峻的挑战。大学生的体育意识仍然还很淡薄,锻炼习惯尚未养成,终身体育能力与体育文化素养较差,体质健康状况不佳。现在的情况是,越是高年级的学生越不爱锻炼。北京某大学对 1321 名学生参加体育锻炼情况进行了 5 年追踪调查:每周能坚持 3 次以上 1 小时锻炼者,一年级时占 33.1%,二年级时占 28.1%,三年级时占 20.6%,四年级时占 13.2%,读研究生时下降到 10.0%,毕业后只占 7.2%。这一调查结果是发人深省的,这种状况必须改变。高校体育到底应当怎样改?怎样改才能适应社会发展和学生主体发展的需要?从目前情况来看,认识不尽一致,做法也各不相同。但从总体上看,其基本走向表现在以下几个方面。

一、高等学校体育课程教学将逐步走向个性化

如前所述,素质教育是一种弘扬学生主体性的教育,它尊重学生人格,承认学生个体差异,重视学生个性发展,因此,素质教育又是一种个性化的教育。新修定的《全国普通高等学校体育课程教学指导纲要》比较鲜明地反映了这一趋势。

(一)课程目标

根据学生身体发展水平的差异,大学“体育与健康”课程的目标分为基本目标与发展目标两个层次。基本目标是根据大多数学生的基本要求而定的;发展目标是针对少数学有所长和有余力的学生而定的。发展目标也可以说是大多数学生的

努力目标。

（二）课程实施

实行开放式教学，使学生有自主选择教师、自主选择上课内容、自主选择上课时间的自由度，以适应学生的不同情况与不同需要。

（三）教学评价

学生的学习评价应是对学习效果和过程的评价，主要包括体能与运动技能、认知、学习态度与行为、交往与合作精神、意志表现等，通过学生自评、互评和教师评定等方式进行。评价应淡化甄别、选拔功能，强化激励、发展功能，把学生的进步幅度纳入其中。

二、课内外体育将呈现一体化趋势

《全国普通高等学校体育课程教学指导纲要》强调要“拓展课堂的时间和空间”，“把课外体育辅导、有组织的校外活动、训练等纳入体育与健康课程，形成课内、课外、校外有机联系的课程结构”。为此，高校体育的重心，将逐渐地由课内转移到课外。例如，充分利用各种媒体获取体育信息；充分利用课外时间和节假日开展家庭体育、社区体育、体育夏（冬）令营、体育节、郊游等活动；充分利用日光、空气、水、江河、湖、海、沙滩、田野、森林、山地、草原、雪原、荒原等自然环境开展体育活动。高校体育必将冲破学校的樊篱，走向社会，走向自然，表现出更加开放，更加丰富多彩，更加生动活泼，更能满足广大同学的不同体育需求。

三、高等学校体育的组织形式将更具群众性

大学生体育主体意识的不断加强，高校体育特别是高校课外体育的组织形式将更具群众性。

（一）体育俱乐部将成为高校体育的重要组织形式

为了适应大学生的不同体育需要，高校将根据自身的条件，组织多种多样的体育俱乐部。这些体育俱乐部大致可以分为两大类：一类是以发展学生体育特长，提

高运动技术水平为目的的竞技体育俱乐部；一类是以健身、健美、娱乐为目的的群众性的体育俱乐部。学生可自主选择参加。

（二）体育社团将在高校得到发展

高校的体育社团是由学生自己组织、自己管理、自由参加的群众性的体育团体。其一般由学生会、团委出面发起组织，得到学校体育部（教研室）的支持和指导，大都以单项体育协会的形式出现，如篮球协会、游泳协会、网球协会、健美协会等。学生根据协会章程，自愿报名参加，缴纳一定的会费，民主选举管理人员。这种形式已在一些高校出现，今后必将得到进一步的发展。

（三）非正式体育群体的活动将越来越活跃

非正式的体育群体就是非行政的由学生自由组合而成的体育群体。这种群体的组成，除体育兴趣外，还受性别、性格、情感、体育基础等多种因素的影响，具有较强的凝聚力和主体意识。这种群体主要活跃在课外体育、节假日体育、校外体育中。但是，目前尚未引起人们的足够重视。一旦受到重视，必将为高校体育注入新的活力。

四、高等学校体育将呈现出多样化和小型化

随着高校体育重心的逐步转移，高校课外体育将向自主确定锻炼目标、自主选择锻炼内容、自主组织锻炼的方向发展。因此，高校体育将呈现出多样化和小型化。但是，一些传统的学校体育组织与活动形式，也将得到继承，如定期举办全校性的运动会，或以院系为单位组织的群体竞赛等。

五、生存训练与拓展训练将在高校逐步开展

生存训练和拓展训练源于第二次世界大战期间。据说第二次世界大战时大西洋上很多军舰船由于受到攻击而沉没，绝大多数的船员不幸牺牲了，但仍有极少数的人历经磨难后得以生还。人们发现这些生还下来的人并不都是身强力壮的小伙子，而大多数是些年老体弱的人。这些人之所以能活下来，关键在于他们具有良好的心理素质。当时有个德国人库尔特·汉恩提议，利用一些自然条件和人工设施，

让那些年轻的海员做一些具有心理挑战的训练，以提高他们的心理素质。后来，他的好友劳伦斯于 1942 年成立了一所海上训练学校，这是拓展训练最早的雏形。

由于生存训练和拓展训练形式新颖，对提高人的心理素质、团队精神、生存能力和社会适应能力等具有良好的效果，因而很快就风靡了整个欧洲，并在其后的半个世纪中发展到全世界。近年来，生存训练和拓展训练在我国也得到了较快的发展，引起了我国学校体育行政管理部门的高度关注，并已着手创建训练基地，培训骨干。这种形式的训练，必将受到广大高校学生的欢迎，成为高校体育的一朵奇葩。

第八章　终身体育

第一节　终身体育的概述

一、终身体育产生的背景

终身体育产生于20世纪60年代,是随着终身教育概念的提出应运而生的。

1960年在加拿大的蒙特利尔召开的“国际成人教育会议”,会上就提出了有关“终身教育”的问题。1965年在巴黎召开的国际成人教育促进委员会会议上,继续教育专家朗格朗使“终身教育”成为成人教育的重要议题。终身教育的基本性质包括两个方面:一是保障公共教育的教育机会,使人们的一生都能获得良好的成长与发展;二是重新设计和综合历来的教育,以便不仅为人们终身提供教育的机会,而且要使处于各年龄阶段的人们,能够在最适当的时期和场所,接受最适宜的教育。在这种教育的迫切要求和变化中,各门教育学科都相应地制订了计划,尤其是体育在教育中的作用,使得体育不仅成为终身教育中不可分割的一项内容,而且也成为社会生活健康发展的一个主要手段。

所以,终身体育是伴随着终身教育的概念产生的。终身体育有自己特定的研究领域和范畴,它是创造人生价值,从生到死进行体育教育的过程。朗格朗说过:“必须抛弃那种认为体育只是在一生的一个短暂的时期内进行的观点”,“应当更好地使体育和整个终身教育结合起来,把它从单纯的肌肉作用、从它与文化隔离的状态中解放出来,把它与智力的、道德的、艺术的、社交的和公民的生活等更紧密地结合起来。”

二、终身体育的理论基础

终身体育的含义包括两个方面的内容：一是指人从生命开始至生命结束中学习与参加身体锻炼，使终身有明确的目的性，使体育成为一生生活中始终不可缺少的重要内容；二是在终身体育思想的指导下，以体育的体系化、整体化为目标，为人在不同时期、不同生活领域中提供参加体育活动机会的实践过程。

终身体育作为一种完整的现代体育思想，其基础来自两个方面。首先，人体自身发展需要体育锻炼伴随终身。人体自身的发展，是有规律可循的。人的一生一般要经历三个发展时期，即生长发育期、成熟期和衰退期。体育锻炼具有增进健康、增强体质的作用，对人的各个不同时期的身体健康，都具有积极影响。所以，体育锻炼要根据各个不同时期人体发展的特点，提出相应的要求。生长发育时期的要求，是促进身体的正常生长发育；成熟期的要求，是保持旺盛的精力与充沛的体力；衰退期的要求，是延缓衰退、延长工作年限、延年益寿。不同的发展阶段锻炼的要求不同，锻炼的内容与方法也相应有所不同。也就是说，人的一生都应当伴随着体育锻炼，不同的时期，有不同的目标和要求、不同的内容与方法。锻炼身体不可能“一次完成”，更不能一劳永逸。

其次，终身体育是现代社会发展的需要。现代生产方式和生活方式的变化，对人们的健康状况带来了不利的影响。体力活动减少，工作、生活的节奏加快，精神过度紧张，生活改善，摄取的热量过多等一系列的变化，产生了高血压、心脏病、肥胖症、神经官能症等现代文明病，严重威胁着人们的健康和生命。人们为了改善健康状况，健康意识普遍增强，体育锻炼成为人们提高生活质量、防治文明病和现代生活不可缺少的内容之一。

三、终身体育的内涵

1.终身体育的基本概念

终身体育是指每一名社会成员在其一生当中都能够自觉地接受体育教育以及进行自主性体育锻炼。其核心思想在于引导人们提高对体育的认知程度，形成良好的参与习惯，掌握几种科学有效、适应自身健康发展需求的健身方法，终身使用、终身受益。

2.终身体育的基本特征

终身体育是一个涵盖家庭体育、学校体育以及社会体育的博大概念体系，对于人一生的健康发展具有极其重要的促进与维护作用。其基本特征主要体现为：首先，要求参与行为的恒久性，终身体育以实现终身健康为目标，要求参与行为具有终身性。其次，适用对象的全体性，终身体育对任何一名社会成员都具有适用性，尤其在我国全面推广全民健身运动的社会背景下，终身体育所蕴含的普遍适用性得到更为有效的凸显。再次，行为过程的自律性，终身体育贯穿人的一生，因而在其参与的过程中，需要较为完善的自律意识加以规范与调控。最后，思想内容的传承性，终身体育是全民健身运动普及与社会体育发展的重要理论基础，蕴含着丰富的文化内涵，对于校园体育文化建设以及社会体育文化的发展具有重要的指导作用。因此，对终身体育文化内涵的弘扬与传承，能够有效地满足我国社会发展的需求。

四、终身体育教育的内容

在终身健身思想下，我们要从《全国普通高等学校体育课程教学指导纲要》的大纲、计划、课程安排及教材内容各个方面，重视培养大学生终身健身思想。

1.体育知识

①人体生理知识、心理知识。

②生物学知识、医学知识。

③体育理论和体育基本知识。

2.道德

①社会主义道德观念。

②体育道德。

③社会公德。

3.体育技能

①运动项目技术要领、要求。

②运动器材使用、运动环境的取舍与使用。

③运动医护的鉴别及应用。

④体育理论和体育基本知识。

4.体育兴趣

①浓厚。

②持久。

③热心。

④愉快。

5.体育保健

①身体健康。

②精神健康。

③社会健康。

第二节　终身体育与高校体育

终身体育思想是第二次世界大战以后国际上风行的“终身教育”思潮的必然发展。作为教育组成部分的学校体育也必然受到终身教育的影响提出“终身体育”的观点，事实上，对人而言，体育也必然是“终身”的，应该是贯穿人一生的主要生活内容。对此，所有的人，特别是大学生必须有一个明确的认识。

一、终身体育与高校体育的关系

按人一生不同的时期，我们可将终身体育分成以下三个阶段：学前体育、学校体育、社会体育。高校体育是学校体育的一个重要组成部分，是最正规、最制度化的部分，也是贯彻终身体育思想最为关键的一个环节，两者具有非常密切的关系。

1.终身体育是高校体育改革与发展的方向

终身体育是高校体育改革与发展的方向是由现代社会发展的特点所决定的。现代社会科技的高速发展，自动化、信息化的程度日益加强，使得大多数劳动者从事的都是脑力劳动，再加上社会竞争的加剧，人类的生理健康和心理健康都受到了很大的威胁，已经成为颇受社会关注的一个问题，而体育活动由于其自身的特点与功能，可以很好地解决这些问题。《全民健身计划纲要》中也明确提出了“要对学生进行终身体育的教育，培养学生体育锻炼的意识、技能与习惯”的目标。因此，我们应该用终身体育思想指导我国高校体育教学的改革,以适应社会发展的需要。

2.高校体育是实现终身体育的基础环节

高校体育是人们进行体育实践与身体教育的重要过程,是人们进行终身锻炼的基础阶段,是终身体育的一个重要环节,是个体接受的最为系统、最为规范的体育教育,是培养个体终身体育能力和形成终身体育思想最重要的时期,在整个终身体育教育系统中具有重要的地位。有关调查资料显示:大学期间体育成绩优良,有明显的体育兴趣爱好,有锻炼习惯的人,在中老年时期,都有较好的体育再认识能力,这些人约占57.2%,可以说他们基本完成了从高校体育向终身体育的项目转移。这些中老年人从事终身体育的态度和项目与高校体育有密切关系。同时,他们又是体育锻炼的推动者,在家庭、社会中,会将他们已经形成的体育的兴趣爱好和习惯,随着他们的生活方式、行为习惯传播于社会,体现出社会辐射的功能。因此,可以说,高校体育是终身体育的基础环节。

二、高校体育是终身体育的重要组成部分

终身体育是指人应终身进行体育锻炼和接受体育教育。人的一生是漫长的,在这漫漫人生旅途中,最重要、最为宝贵的就是健康。为求得人体的健康,除了遗传、环境等因素外,锻炼便是最主动、最积极的因素。从生理学的角度来看,体育锻炼是对人体的刺激过程,每次刺激都会产生作用的痕迹,持续不断地刺激则会产生痕迹积累,使人体的结构和机能产生新的适应,从而增强体质。因此,这种刺激应该是长期的、连续不断的,应该是贯穿人的一生的,特别是现代社会随着科学技术的高度发展和社会生产方式与生活方式的改变,人类本身对体力活动的补充和健康的要求也更趋强烈,只有具有健康的身体和良好的身体素质,才能适应高速度、高强度、高节奏的现代生活。因此,终身体育便自然而然地摆在了人的面前。为此,联合国教科文组织在1978年通过的《体育运动国际宪章》第二条第一款明确指出:“必须由一项全球性的、民主化的终身教育制度来保证体育活动与运动实践得以贯彻于每个人的一生。”很明显,终身教育必然包括教育的重要组成部分高校体育,而终身体育也必然包括大学阶段的高校体育,因此,高校体育必然是终身教育和终身体育不可缺少的组成部分,特别是大学生正处在青年时期,同化作用和异化作用基本平衡,生长发育日趋完善和稳定,生理机能和适应均发展到较高水平,是

性成熟、生命旺盛、身心发展的关键时期。这一阶段体育教育和体育锻炼的实践，不但能弥补和改善中小学乃至学龄前体育过程的不足，他们在大学阶段所建立的体育意识，所得到的体育知识和方法以及体育锻炼习惯等，还将对大学毕业后阶段的体育过程产生深远的影响，因此，体育不仅应立足在学龄期作为人的发展手段，还应是贯穿一生的重要生活内容。高等教育作为人在一生中集中接受教育的最后阶段，其体育的基础作用，以及与终身体育的衔接、接轨和有机结合等方面的作用，更显示了高校体育在终身体育中的重要性。这是高校教育和高校体育在“面向现代化、面向世界、面向未来”的实践过程中，必须十分重视的一个问题。

三、高校体育必须为终身体育奠定良好基础

《学校体育工作条例》对学校体育工作的基本任务作了明确规定，《全民健身计划纲要》也明确指出：全民健身计划以全国人民为实施对象，以青少年和儿童为重点。从终身体育的内涵来看，学校体育是终身体育的一个阶段，从学校体育的任务来看，学校体育又区别于终身体育的其他阶段。它既要完成学校体育的基本任务，又作为一生体育实践的重要基础。特别是高校体育作为学校体育与终身体育的结合，其基础性作用尤其重要。这主要表现在以下几个方面：

(1)高校体育要为终身体育奠定良好的思想基础。作为受教育的高层次阶段，大学生的文化科学、理想情操、思想意识将达到较高的层次和水平，其体育意识也有可能得以形成并日趋稳定，这正是人一生坚持体育锻炼和接受体育教育起决定性作用的内在原动力。辩证唯物主义研究已经证明了存在决定意识、意识支配行动的观念，事实也充分表明：人的活动是有意识、有目的、有计划地实现的，其意识明确而强烈，则其行为积极主动，反之，则行为消极疲软，甚至放弃行动。因此，在高校体育教育过程中，必须十分注意体育教育的科学性和体育教学过程的完整性，促进学生体育意识的形成，并通过严格规范的体育实践过程，特别是《大学生体育合格标准》的实施，养成坚持体育锻炼的良好习惯，以更好地完成高校体育任务，为终身体育奠定良好的思想基础。

(2)高校体育要为终身体育奠定良好的能力基础。随着年龄的增长和知识的积累，大学时期正是大学生增长知识和培养能力的大好时期。在高校教育过程中，要通过体育课程教学以及其他体育过程的综合实施，使学生在广泛认识和了解体育，切实掌握体育健身的基本知识和方法，既为大学阶段的锻炼、增强体质服务，也

为大学毕业后的锻炼、增强体质服务，为终身体育奠定良好的体育能力基础。

(3)高校体育要为终身体育奠定良好的体质基础。大学生的年龄阶段已进入青年期，身体形态、机能、代谢功能等方面的发展已日趋完善和成熟，能承受较大负荷，能较好地适应外部环境的变化；同时，在这一人体机能发展最为旺盛的时期，有必要在身体和心理上接受更全面、更大负荷的锻炼，以促使各器官系统的发育和生理功能达到人生的最佳水平。有专家指出：人的健康程度和生命质量与其青年时期的发育和生理功能水平是成正比的。因此，高校体育应通过高校体育整体工作的实践，最大限度地提高大学生的体质健康水平，最大限度地延缓成年后身体机能下降的速度和时间，以相对地提高人体机能，并延长人的寿命。从高校体育与终身体育的衔接和结合的角度来看，高校体育必须为终身体育奠定一个良好的体质基础。

(4)高校体育要为终身体育奠定良好的社会服务基础。大学毕业生是社会主义现代化的建设者和接班人，由于他们具有较高的思想、文化、业务以及身体和心理素质，而且从小学到大学接受了长期系统的体育教育，具有较高水平的体育意识、体育知识和能力，良好的锻炼身体的习惯，以及较强的组织能力和社会责任感等，当他们走向社会以后，必然是终身体育和全民健身活动的骨干，成为一支强大的业余的社会体育的组织、指导力量。因此，高校体育还必须在这方面发挥作用，为我国全民健身计划的有效实施、为终身体育奠定良好的社会体育服务基础。

四、高校体育实施终身体育教育的步骤

终身体育是依据人体发展变化的规律、身体锻炼的作用，以及现代社会的发展不断对人提出的要求，伴随着终身教育的发展而发展起来的。同时，根据一个人的不同发展时期（如幼儿园、各级学校、工作阶段和离退休后等各年龄阶段）和不同人群的特殊阶段，都需要建立和完善终身体育的组织系统。利用科学的理论和手段指导人们终身从事体育锻炼，是我国发展社会主义体育事业的一项重要工作，也是终身教育内容的扩展和补充。

终身体育所研究的对象是一个人的不同时期，不同生活领域中的个人因职业、性别、生活环境的不同，以及在不同发展阶段、不同健康状态下所应从事的体育锻炼的内容、特点、形式和条件。终身体育的特点是不仅要具有广泛的指导性、完整性和系统性，而且还必须具有较强的实用性，即对不同的个人具有明确的针对性。

（一）终身体育观念形成的程序

终身体育思想的形成除受终身教育思想的影响外，还受体育本身的功能、社会经济发展和人们生活的发展变化及其行为方式的影响。终身教育和终身体育都是以社会发展为前提的，就个人发展而言，都是以个人如何适应社会发展的需要作为起点的。人类的各种教育，当然也包括终身体育，都是围绕着培养全面发展的人的问题而发展起来的。

终身体育不是单纯强调某一个阶段的体育，而是家庭体育、幼儿园体育、学校体育、社会体育整个过程的体育。（表 8-1）

表 8-1　终身体育

家庭体育	幼儿园体育	学校体育	社会体育
（婴幼儿）	（幼儿、儿童）	（儿童、少年、青年）	（成年后至老年）

我国群众体育所包括的内容与终身体育所包括的内容大体相同，但存在着不同的特点，也就是两者在一些方面有所区别。对终身体育的理解，不能局限于学校体育阶段，也不能只限于某个人参加终身身体锻炼，终身体育的范畴包括从胚胎开始，到死亡终结，这期间随时随地都要采取有效的措施保证身体的正常生存与发展。

发展我国的群众体育，要以终身体育思想为指导，实现全民的终身体育化，人人坚持终身进行身体锻炼，就能达到群众体育的广泛普及与经常化。反之，群众体育的广泛开展，也使终身体育得到了落实。从一定意义上说，群众体育主要强调普及与经常性，终身体育则强调不同年龄的人进行身体锻炼的持续性，两者谈论的角度不同，但最终的目的是统一的。

（二）终身体育的内容与方法的选择

高等院校终身体育教育的目的，是使学生增强体质、掌握终身体育锻炼的理论和方法，培养学生自己设计运动方式的能力，为普及和推广终身体育锻炼作出努力。

怎样正确地选择锻炼内容和方法呢？首先，应该了解和掌握身体锻炼的基本原则；其次，了解自身的身体特点和能从事体育锻炼的客观环境条件。具体表现在如下几个方面：

第一，目的明确。终身体育的目的是选择锻炼内容的根本依据。终身体育的目的既有阶段性又有长远性，既有直接的目的又有间接的目的，所以，每个人要根据自身的实际情况，确定锻炼的目的，然后选择能够实现锻炼目的的运动项目。例如，要发展力量，那么就要明确是发展上肢力量还是下肢力量；要发展耐力，就要明确是发展有氧耐力还是无氧耐力等，都要非常具体化。这样，就能使锻炼的内容合理，锻炼的方法得当，也就能有的放矢地实现自己的锻炼目的。

第二，讲求实效。参加体育锻炼要讲求实际效果，在项目的选择上要有针对性，要注意所选运动项目的特点、作用和实用价值，使自己用很少的时间取得最佳的效果，达到强身健体的目的。

第三，切实可行。选择锻炼内容和锻炼方法，必须从实际出发，使自己选择的内容和确定的锻炼方法符合实际，可行性强。

第四，适时为宜。一年四季对锻炼内容的选择是有一定影响的，因此，选择身体锻炼内容时，应顺应季节的变化，作出相应的安排。比如，春季选择登山（踏青），夏季选择游泳，秋季选择越野跑，冬季选择滑冰和室内乒乓球等。选定的锻炼内容不可一成不变，要经常变换锻炼内容，提高锻炼的兴趣和加强锻炼的难度，以使身体的机能水平不断地得以提高。

五、终身体育对高校体育教学的意义

大学阶段是人的思想观念形成的关键时期，是由学校教育过程向社会实际供职过渡的一个关键阶段。高校体育工作者和思想教育者都应利用高校体育教学和学校体育工作的优点和优势，培养学生终身体育意识，授之以终身体育实施过程的知识体系，使其养成正确的终身体育观念。

1.终身体育意识的培养需要在高校体育教学中进行强化和提升

按照国家教育行政部门的有关规定，普通高校体育教学每周仅两个学时，而且很多学校为了增加专业课学习实践，减少体育教学学时，学时就会更少。如果仅靠这么一点点时间而没有课外其他时间的自我有效锻炼，根本不可能增强学生的体质，提高学生健康水平。因此，“阳光工程”倡导在校学生每天锻炼一小时，培养良好的自觉地参与体育锻炼的习惯。体育工作者要积极地引导。如果在校期间不能养成良好的锻炼习惯,不能建立正确的终身体育思想,就无从谈及将来走上社会的自我锻炼。高校体育教学培养学生终身体育能力和习惯,树立终身体育观念,具有重要意义。

要增强学生终身体育意识,必须向学生进行体育理论教学,重点对学生进行终身受用的体育理论知识的传授,向学生灌输长期的体育锻炼的意识。我们的教育,特别是体育教育行政机关或者学校,要选择科学性、实效性、指导性、针对性和时代性强的教材,要以科学锻炼身体、增强学生身心健康结合终身受益为目的的学习内容来实现高校体育的目的任务,体育保健、体育功能与价值、运动医疗及运动创伤的防治、科学锻炼身体的方法等。要改变过去一贯重实践轻理论的体育教学现实,适时加强理论学习,合理进行体育理论考试,强化学生终身体育意识。所以,培养大学生的终身体育意识是高校体育教学的重要内容之一。

2.高校体育教学是终身体育实践过程的需要

从宏观上看,高校体育是学校体育教育的最后一个驿站,只是终身体育在某一个时间点上的表现形式,但它对终身体育意识的形成起着举足轻重的作用。它影响着人们对终身体育意识的走向和理解,从这个角度说,高校体育教学又是终身体育实践过程的需要。

我国的高校体育教育,由于长期以来在教学内容和课程设置上没有体现高校体育的特点和优势,高校体育教学的任务停留在学习基本技术、基本知识、基本技能上,也就是所谓的"三基教育",忽视了健身方法的传授、体育能力、体育习惯的培养和养成。很多学生在离开学校之后,不懂得应该怎样锻炼身体,怎样去享受运动的乐趣,怎样参加体育比赛,怎样在运动中和人相处,缺乏必要的终身体育锻炼意识。因此,高校体育教学要根据高知识水平群体大学生们的生活特点,促进学生身体发育和机能发展,全面发展身体素质,加强对自然环境的适应能力,促进学生身心健康;传授终身体育锻炼的方法和使之终身受益的知识为主要内容的体育理论知识,让更多的学生发挥自觉能动性,能够科学合理地安排自己的生活,科学健身。

六、高校大学生终身体育锻炼意识的培养

1.注重更深层次的体育理论知识的传授

授人以鱼不如授人以渔。让学生运动,不如教给他们科学合理的锻炼方法,促

使他们自觉运动。体育健康知识作为一切体育运动的理论基础，对终身体育教育也起着至关重要的作用。所以，建议大学在分层次、分年级教学的基础上，让学生了解基本的运动医学知识，包括人体形成结构的特点及生理功能、心理的主要特点及个人体育保健、安全教育及意外事故的预防等方面的内容，丰富自己的体育理论基础，了解自己的身体状态，并且知道怎么才能科学合理地健身、怎样避免运动损伤的发生等。体育理论基础知识为大学生该如何科学、合理健身指明了方向。

学校体育必须加强对体育理论知识的传授，对于体育理论课不能可有可无，加强体育理论教学，了解自己的身体发展状态，安排科学的健身，避免盲目的运动而带来的损伤，使学生真正认识到体育锻炼的意义，提升大学生的运动价值观，为终身体育打下良好的基础。

2.高校课堂教学模式的转变

在教学过程中，尽可能安排符合大学生身心特点的教学内容，把竞技化项目转化为游戏化的体育活动。大学生的思想已经成熟，也有了基本的运动基础，所以要改变以往单一的教学模式和方法，构建高效课堂。当代学校体育教学的目标是树立"健康第一"的思想，培养学生终身体育意识，而不是让学生达到专业运动员的技术水平，所以在课堂上要采取理论知识与练习实践相结合、竞赛与趣味相结合的授课方式，培养一种轻松、自然的课堂氛围，让学生自由互动，教师也可以参与其中。这样既能拉近师生关系，也能随时随地的为学生进行动作指导，充分调动学生学习的积极性。

3.创建浓厚的高校校园体育文化氛围

培养大学生终身体育意识，与浓厚的校园体育文化氛围是密不可分的。高校的体育文化主要由早操、课间活动、课外活动、体育课、各类体育竞赛以及体育器材、健身设施、体育场地等物质环境构成。这些是吸引学生锻炼的重要因素之一，为学生培养体育兴趣、掌握基本技能、提高运动能力提供了环境基础。

4.加强大学生的课外体育活动，完善大学体育社团的建立

高校体育除了以教学为主，还要加强课外体育活动的开展。加强课外体育活动是进一步培养大学生终身体育意识和提高运动能力的必需内容之一。课堂教学是学校体育的核心部分，课外体育活动就是课堂教学的延伸和补充。学校应定期开展形式多样的体育活动，如体育知识讲座、各类体育竞赛和师生趣味活动等。集体比赛类的体育活动可以激发学生对体育的热情，运动员间的激烈竞争和台下观众的呐喊加油等都可以刺激学生内心对体育运动的渴望。在比赛之前，也要做好充分的宣传工作，标语、横幅等工具都可以促进校园体育文化的构建。

大学生体育社团的建立是为学生营造校园体育氛围的有效手段。大学生体育社团的建立得到学生的认可，参与的学生也会越来越多，对提高学生身体健康水平、身体素质、运动能力起到了积极的促进作用。体育社团的建立把一些有着共同爱好的人组织在了一起，学生也都是根据自己的爱好和特长自主选择体育社团，这就给学生搭建了追求自己喜爱的运动项目的平台，使学生在联系过程中始终保持着高度的热情。高校应支持体育社团的建立，并给予高度重视，多安排社团活动，给学生机会，让他们充分展示自己的运动才能，并且还能鼓舞身边的人感受到运动的激情。完善大学生社团能激发学生体育运动的热情，使其感受到运动的魅力，培养其终身体育意识。

参考文献

[1] 罗兴华.科学健身新概念[M].广州:花城出版社,2003.

[2] 孟宪君.大众流行健身项目理论与实践[M].北京:高等教育出版社,2003.

[3] 季浏.体育锻炼与心理健康[M].上海:华东师范大学出版社,2006.

[4] 陆一帆,梁林,方子龙.健康与住宅——健康社区中体育规划的理论与实践[M].北京:北京体育大学出版社,2004.

[5] 刘红委,牛殿庆.21 世纪大学生心理健康与成才教育[M].北京:中国商业出版社,2004.

[6] 黄希庭.心理学与人生[M].广州:暨南大学出版社,2005.

[7] 郑希付,王瑶.健康心理学[M].上海:华东师范大学出版社,2003.

[8]《全民健身知识手册》编委会.全民健身知识手册[M].成都:四川大学出版社,1998.

[9] 朱常斌,袁世珍.现代大学体育[M].北京:北京体育大学出版社,2002.

[10] 靳贤胜,蔺丽萍,靳晓奇.大学体育与健康[M].成都:电子科技大学出版社,2004.

[11] 中国营养学会.中国居民膳食营养素参考摄入量[M].北京:中国轻工业出版社,2006.

[12] 陈吉棣.运动营养学[M].北京:北京医科大学出版社,2002.

[13] 杨晓华.运动保健[M].西安:世界图书出版公司,2004.

[14] 姚鸿恩.体育保健学[M].桂林:广西师范大学出版社,2006.

[15] 陈辉.现代营养学[M].北京:化学工业出版社,2005.

[16] 冯美云.运动生物化学[M].北京:人民体育出版社,2005.

[17] 成明祥.保健体育[M].北京:高等教育出版社,2004.

[18] 赵云宏.高校体育教程新编[M].北京:北京体育大学出版社,2002.